# Du bist geschaffen
für das Glück

BERNHARD LANGENSTEIN

# Du bist geschaffen für das Glück

*Das Märchen vom Wunschkäfer*

*Mit einer Komposition von Konstantin Wecker*

MATTHIAS-GRÜNEWALD-VERLAG

Überarbeitete Neuausgabe von
„Der Wunschkäfer. Ein Märchen von
der Sehnsucht und vom Glück“

Der Matthias-Grünewald-Verlag
ist Mitglied der Verlagsgruppe engagement


www.gruenewaldverlag.de

Gestaltung:
Finken & Bumiller, Stuttgart
Gesamtherstellung:
Matthias-Grünewald-Verlag, Ostfildern

ISBN 978-3-7867-2685-2

*Für Elisabeth*

Warum sind der Träume
unterm Mond soviel?
Und so manches Sehnen,
das nicht laut sein will?

CH. A. OVERBECK (1755–1821)

Eines Tages geschah es, dass ein alter Wanderer an das Ende der Welt kam – oder sagen wir: fast an das Ende. Da die Erde ja bekanntlich rund ist, könnte es genau genommen überall gewesen sein. Nun, wo auch immer – den viel gereisten Alten überfiel die Müdigkeit. Er ließ sich auf einer Anhöhe am Rande eines Waldes nieder, machte es sich im Moos bequem und schlug die Stirn in Falten.

*

»Was machst du da?«, fragte es von irgendwo her. Der Wanderer seufzte hörbar, öffnete seinen Beutel, nahm einen funkelnden roten Käfer heraus und legte ihn sorgsam in die Innenfläche seiner Hand. – »Ich denke!«, sprach der Alte und schaute den Käfer mit einem leicht vorwurfsvollen Blick an. – »Aha!«, antwortete der Käfer.

Nun muss man Folgendes wissen: Während die übrigen Kostbarkeiten, die der alte Wanderer gesammelt hatte, sich mit den Jahren wieder verloren hatten, bis er schließlich nur noch das besaß, was er auf dem Leib und in seinem verschlissenen Beutel trug, war ihm doch dieser merkwürdige Käfer geblieben. Er ließ sich im Gedränge nicht verlieren, in der Not nicht veräußern, bei Überfällen nicht rauben. Ja, er ließ sich – etwa im Überschwang eines schönen Gefühls – nicht einmal richtig verschenken. Denn dieser Käfer kehrte auf wundersame Art immer wieder zu seinem Eigentümer zurück und wurde schließlich zu einem Teil von ihm. Der eine war nicht ohne den anderen zu denken – der Wanderer nicht ohne den Käfer und der Käfer nicht ohne den Wanderer.

*

»Und was tust du, wenn du denkst?« – »Hmm«, brummte der Alte, »ich stelle mir Fragen.« – »Welche zum Beispiel?«, bohrte der Käfer nach. – »Na, so knifflige Fragen wie: Wozu bin ich auf der Welt? Wozu laufe ich immerfort weiter, von einer Stadt in die nächste, von einem Land in das andere? Was ist das Wahre und was das Falsche? Was soll ich tun? Nun, solche Fragen eben ...« – »Und dazu schlägst du die Stirn in Falten? Solche Fragen kann dir doch jedes Kind beantworten. Und warum fragst du nicht mich, wenn du einen Knoten im Kopf hast?!« – Dem Wanderer verschlug es die Sprache. »Du bist auf der Welt, um glücklich zu sein und um andere glücklich zu machen«, belehrte ihn der Käfer.

*

»Wo du Recht hast, hast du Recht«, stimmte ihm der Wanderer zu, gab nach einer Weile jedoch zu bedenken: »Wenn das nur so einfach wäre mit dem Glück, mein kleiner Freund! Glücklich sein – das wollen schließlich alle. Die meisten bringen es bloß nicht allzu weit in dieser Kunst.« Um näher unter den Augen des Wanderers zu sein, krabbelte der Käfer auf dessen Fingerspitzen und flüsterte: »Hast du dich schon einmal gefragt, woran das liegt?«

*

»Ja«, antwortete der Wanderer, »genau darüber denke ich nach. Das hat übrigens nichts mit Dummheit zu tun. Alle großen Dichter und Philosophen stellen sich diese Frage nach dem Glück.« – »Und, was haben sie herausgefunden?«, fragte der Käfer mit spürbarer Missbilligung. – »Nun, sie haben vor allem die Kunst des Fragens nach dem richtigen Weg zum Glück verbessert. Aber ihre Antworten unterscheiden sich doch sehr«, gab der Wanderer zu.
»Aha, sie haben also auch einen Knoten im Kopf, deine Denker und Philosophen! Und weißt du was? Das muss

auch so sein. Mit Denken allein geht das Glücklichwerden nämlich nicht«, piepste der Käfer. – »Sondern mit was?« – »Na, mit Leben! Es gibt Fragen, auf die man nur mit dem Leben antworten kann.« – »Was du nicht sagst!«, seufzte der Alte.

*

»Wusste ich doch, dass das neu ist für dich«, plapperte der Käfer munter fort, »und wo du schon am Lernen bist, will ich dir verraten, womit das richtige Leben beginnt.«
»Da bin ich aber gespannt!«

*Das richtige Leben*
*beginnt mit dem richtigen Wünschen.*
*Wer Wünschen kann,*
*hat die Hoffnung noch nicht aufgegeben.*
*Die Hoffnung aber kann alles.*

Kannst du eigentlich wünschen, Wanderer?« Der alte Mann atmete tief durch. – »Wünschen? Hmm, ich weiß nicht recht ...«

*

»Willst du dir helfen lassen?«, fragte der Käfer, »dann nimm mich in deine Hände, wärme mich von deinem

Herzen her. Und dann wünsche dir, was du dir aus tiefster Seele wünschst. Es wird in Erfüllung gehen.« Der Wanderer schaute den Käfer fragend an. – »Los, mach schon!«, ermunterte ihn der Käfer.

✳

Der alte Mann tat schließlich, was ihm aufgetragen worden war. Er barg den kleinen Käfer tief in der Schale seiner Hände, wärmte ihn vom Herzen her und blickte, indem er tief in sich ging, weit über die Hügel. Aber so lange er auch nachdachte, es fielen ihm nur so einfache Wünsche ein wie die nach einem freundlichen Wort, einer sicheren Überfahrt über den Fluss oder nach einem Dach, das ihn vor Regen und Wind schützte.

✳

»Wie lange brauchst du eigentlich noch?«, ließ der Käfer vernehmen. Der Wanderer schaute ihn hilflos an. – »Soll ich einmal in deinem Herzen lesen?«, fragte der Käfer. »Du bist feige. Du wagst nicht zu wünschen. Du hast den Glauben an die Wunder verloren.« – »Für das, was ich noch zu wünschen habe«, seufzte der Wanderer, »brauche ich keine Wunder. Meine Wünsche sind so gering geworden, sie gehen fast von alleine in Erfüllung. Für das Wünschen brauche ich dich nicht, mein kleiner Freund.« – »Wie?«, sprach der Käfer, »du hast keine Wünsche? Ist die Welt so klein, dass sie nur aus dir besteht? Gibt es nichts Wünschenswertes mehr in der Welt? Ist an allen Orten das Glück ausgebrochen? Sind die Träume ausgestorben?« – »O nein«, sprach der Wanderer, »es sind mehr Wünsche in der Welt als Wunder denkbar sind, sie zu erfüllen.«

*

»Jetzt bist du auf der richtigen Spur, Wanderer«, sagte der Käfer, »und ich werde dich noch tiefer mit dem Geheimnis der Welt bekannt machen. Du weißt, es sind 999 999 Wünsche in der Welt. Aber weißt du auch, dass es genau 999 999 Erfüllungen dazu gibt? Am Anfang der Welt, als die 999 999 Wünsche gemacht wurden, wurden ihnen exakt 999 999 Erfüllungen zugemessen, eine jede zu ihrem Wunsch passend, wie ein gutes Paar Schuhe. Wenn du aufmerksamer wärst, Wanderer, könntest du diese Erfüllungen auf deiner Haut spüren. Die Luft ist voll davon. Einige dieser Erfüllungen sind höchst traurige Wesen; sie hocken unsichtbar in den Ecken und warten seit Tausenden von Jahren voller Sehnsucht, dass endlich einer kommt, der die Kraft hat sie herbeizuwünschen.« – »Und die Wünsche, alle diese Wünsche, sie gehen wirklich in Erfüllung?«, fragte der Wanderer ungläubig. – »Ja, alle«, antwortete der Käfer, »alle, die es wert sind gewünscht zu werden. Nur Verrückte können etwas Unpassendes wünschen.«

Der alte Wanderer schüttelte den Kopf: »Was weißt du schon von der Welt, kleiner Käfer! Die passenden Wünsche, von denen du sprichst, die Wünsche nach Frieden, nach Liebe, nach etwas Glück im Leben, sie sind äußerst beliebt unter den Menschen. Aber sie sind vollkommen kraftlos; sie spielen keine Rolle bei den Geschäften und in der Politik. Die unpassenden, die bösen Wünsche, das sind die wirklich machtvollen; sie werden immer und immer wieder erfüllt. Die Mordträume und Hasswünsche, sie werden Wirklichkeit! Armer kleiner Käfer, wir leben nicht im Paradies!«

*

»Doch, Wanderer! Das Paradies ist hier, mitten unter uns. Nur wollen es die meisten nicht haben. Sie begnügen sich mit halben Sachen, statt mit tiefer Leidenschaft das ganze Glück herbeizuwünschen. Bedenke:

*Jeder bekommt das,*
*was er aus tiefster Seele heraus will.*
*Denn jedes Wesen*
*ist für sein Glück geschaffen*
*und nur dafür.*

Es ist in dieser Welt nicht die Anwesenheit des Bösen, die uns weinen lässt, sondern die Abwesenheit des Guten, der Mangel an Träumen und an Hoffnung. Die Menschen glauben ihrer Sehnsucht und ihren tiefsten Wünschen nicht mehr; sie haben das Wünschen verlernt.«

*

Es war spät geworden; die Dämmerung war hereingebrochen. Der Wanderer schloss langsam die Augen, lehnte seinen Kopf zurück an die moosige Rinde und dachte über das nach, was der kleine Käfer gesagt hatte. Und während er den kleinen Käfer in seinen müden Händen wärmte, hörte er zuerst von ferne und bald in immer größerer Nähe den Gesang einer Nachtigall. Der Wanderer trank das wunderbare Lied in sich hinein. Und während er über den betörenden Lauten des Vogels einschlief, spürte er nicht, wie sich eine Feder aus dem Kleid der Nachtigall löste und sich sanft auf ihm niederließ. ❧

Im Traum sah der alte Wanderer ein weites Land vor sich und einen Weg, der sich durch die Wiesen hinzog, um sich bald in zwei Wege zu gabeln. Der eine Weg erstreckte sich gegen Morgen hin und wies in ein heiteres Land. Der andere Weg verlief in Richtung Ende der Welt und verlor sich bald in Hecken und dunklen Gründen.

*

An der Stelle, wo sich der Weg gabelte, sah der Wanderer im Traum ein Hirtenmädchen, das freundlich zu ihm herüberschaute. Er trat zu ihm und fragte es: »Wohin soll ich gehen? Hierhin oder dorthin?« Das Mädchen schaute ihn liebevoll an und sprach: »Suchst du den leichten oder den schweren Weg?« – »Welches ist der bessere?« – »Immer der schwere.« – »Welches ist der schwerere Weg?« –

»Der leichtere Weg ist der, auf dem du nimmst, der schwerere ist der, auf dem du gibst.« – »Ich habe nichts. Was könnte ich geben?«

*

Das Mädchen sagte noch etwas, aber es verschwamm dem Wanderer, denn die Morgensonne weckte ihn und der Traum löste sich sacht von seiner Seele. Der Wunschkäfer lag noch immer in seiner Hand. Der Alte legte ihn liebevoll in seinen Beutel zu dem Kanten Brot, dem Schlauch mit Wein und den wenigen Habseligkeiten, die er sonst noch mit sich führte. Als er auf seine Kleidung herabsah, entdeckte er die Nachtigallenfeder. Sie sah bescheiden aus, aber der Wanderer erinnerte sich an das wunderbare Lied des Vogels. Und sofort erschien sie ihm kostbarer und schöner als eine Pfauenfeder. Ein Leuchten ging über seine herben Gesichtszüge, und er barg sie wie eine Kostbarkeit in seinem Gewand. Dann streckte er seine Glieder und begab sich zu einem nahe gelegenen Bach, um sich mit Wasser zu erfrischen.

*

Wie staunte der Wanderer aber, als er von der Anhöhe herabsah und alles in der Wirklichkeit wahrnahm, wie er es im Traum erlebt hatte. Da war der Weg, der sich bald schon gabelte; da war auch das Hirtenmädchen mit seinen Tieren – ganz so, wie es ihm in der Nacht vor Augen geführt worden war.

*

Sofort machte sich der alte Wanderer auf den Weg, schritt die Anhöhe hinunter zu dem Hirtenmädchen hin, dessen anmutiges Lächeln ihn bezauberte. Er lächelte zurück, nahm die Nachtigallenfeder aus der Tasche und hielt sie dem Mädchen hin: »Schau, ich habe hier etwas, das möchte ich dir geben! Es ist die Feder einer Nachtigall. Sie singt so schön, wie du freundlich bist.«

*

»O, wie wunderbar!«, freute sich das Hirtenmädchen mit großen, glänzenden Augen und hielt die kleine Nachtigallenfeder zärtlich an die Wange. – »Du machst mich sehr glücklich damit, alter Mann! Aber sag, woher weißt du, dass ich die Nachtigall so liebe? Jede Nacht sitze ich am Feuer und warte auf ihren Gesang. Wie kommst du darauf, mir etwas zu schenken – und gerade das, was mir so lieb ist? Du kennst mich doch gar nicht?« Der Wanderer musste lächeln:

*Schenken macht glücklich;*
*im Schenken Wünsche zu erraten,*
*macht doppelt glücklich;*

*und dreifach glücklich macht es,*
*im Beschenkten einen zu finden,*
*der dankbar ist.*

Außerdem ist es nützlich, jemanden zum Freund zu haben, der einem den Weg weisen kann.«
»Den Weg will ich dir gerne zeigen«, sprach das Hirtenmädchen, »doch bleib zuvor noch ein wenig! Setz dich zu mir und sei mein Gast!« Sie holte ein weißes Tuch, breitete es auf der Wiese aus, brachte Brot, Hirtenkäse und einen Krug mit Milch herbei. Und bald saßen sie munter beieinander, stärkten und berieten sich.

*

Das Hirtenmädchen sagte dem Wanderer, wohin die Wege führten und wunderte sich, dass der alte Mann entschlossen schien, den schweren dem leichteren Weg vorzuziehen. – »Du willst also wirklich diesen Weg nehmen? Wenige sind ihn gegangen, seit ich hier an der Gabelung meine Schafe hüte. Du weißt schon, wohin er führt? Dort hinten, sagt man, ist das Schattenreich des *Unglücklichen Landes.* Warum bleibst du nicht auf dem leichten Weg, der in die siebenundsiebzig sanften Täler des *Glücklichen Landes* führt?«

*

»Ich weiß wenig über das *Unglückliche Land*«, antwortete der Wanderer, »du musst mir sagen, was du davon weißt. Aber ich hatte in dieser Nacht einen Traum. Und dieser Traum hinterließ eine Einsicht in meiner Seele, die da lautet:

✳

Lerne das Schwere zu lieben und dem Leichten zu misstrauen. Besuche die Unglücklichen und meide die Gesellschaft der Zufriedenen.

*Durch nichts kannst du*
*das Glück der Glücklichen vermehren,*
*aber durch ein Lächeln*
*das Unglück der Unglücklichen verwandeln.*

Das Hirtenmädchen sprang auf, lief rasch zur Hütte hin und brachte ein kleines Buch mit: »Schau, hierin schreibe ich alle wahren Sätze auf, die ich in meinem Leben höre. Noch sind es wenige – fünf oder sechs –, aber ich bin sicher, in meinem Leben noch mindestens fünf oder sechs andere Wahrheiten zu hören oder zu finden. Und du hast eben etwas wunderbar Wahres gesagt. Ich muss es sofort aufschreiben, damit ich es nie mehr vergesse.« – »Du kannst schreiben?«, wunderte sich der Wanderer, »wie schön! Ich kann auch schreiben. Aber ich habe diese Kunst leider nicht ausgeübt. Ich hatte manche Gedanken. Weil ich sie nicht aufgeschrieben habe, sind sie verloren gegangen ... Aber jetzt musst du mir die Geschichte des *Unglücklichen Landes* erzählen – alles, was du davon weißt!«

*

»Es war so«, sprach das Hirtenmädchen und nippte an der Schale mit Milch: »Einst gab es keine Grenze zwischen hier und dort. Man reiste hin und her und pflegte die Freundschaft. Die dort waren anders als wir hier. Aber man freute sich daran und niemand kam auf den Gedanken, das Hier und das Dort miteinander zu vergleichen. Eines Tages muss etwas geschehen sein – ich weiß nicht was – und von dieser Zeit an wurden die Besuche von dort seltener. Und unsere Leute, die das andere Land besuchten, sprachen davon, dass sie kühl aufgenommen und misstrauisch beäugt worden seien. Es bürgerte sich dann ein, dass unsere den anderen einen Namen gaben; sie nannten sie die *Unglücklichen* und sich selbst nannten sie die *Glücklichen*, obwohl ich nicht weiß, ob es wirklich stimmt, dass nur die anderen unglücklich und nur wir glücklich sind.

*

Eines Tages kamen Boten gerannt und riefen: ›Zwischen hier und dort stehen Soldaten. Sie haben einen Schlagbaum errichtet und verwehren den Zugang zum *Unglücklichen Land*.‹ Rasch liefen die Leute herbei. Und sie standen auf dieser Seite, und die anderen standen auf der anderen Seite. ›Was macht ihr da?‹, riefen unsere Leute. ›Es hat nichts mit euch zu tun‹, riefen die auf der anderen Seite, ›es ist nur eine ganz normale Grenze. Das ist so zwischen zwei Ländern.‹

*

Die finster blickenden Soldaten schreckten die Menschen aus dem *Glücklichen Land* davor ab, um Einlass zu begehren. Die Felder am Rand des *Unglücklichen Landes* wurden nicht mehr bestellt, die Straßen zwischen hier und dort verödeten und die Wege wuchsen langsam zu. Kalte Winde wehten über das unwirtliche Land vor der Grenze. Und weil bald niemand mehr Lust verspürte, dorthin zu gehen oder von dort etwas zu hören, wurden auch die Nachrichten aus dem *Unglücklichen Land* spärlich und versiegten schließlich ganz. Ich glaube, die Menschen aus dem *Glücklichen Land* haben die Menschen aus dem *Unglücklichen Land* inzwischen vergessen. Keiner weiß mehr vom anderen. Und auch ich weiß nur, was ich von meinen Eltern gehört habe.«

Der Wanderer hatte aufmerksam zugehört. Das Hirtenmädchen schaute ihn liebevoll an. – »O, ich habe solche Angst um dich! Du könntest unglücklich werden, wenn du dorthin gehst. Vielleicht passiert dir etwas Schlimmes oder sie nehmen dich gefangen. Unglückliche Menschen sind gefährliche Menschen.« – »Das mag stimmen, aber du brauchst trotzdem keine Angst um mich zu haben. Ich habe einen kleinen Freund bei mir, der passt auf mich auf. Schau, hier!« – »O, ein Käfer!« – »Ja, aber dies hier ist kein gewöhnlicher Käfer. Das ist ein Wunschkäfer. Du musst ihn in der Schale deiner Hände bergen, ihn von deinem Herzen her wärmen und dann darfst du dir wünschen, was du in tiefster Seele ersehnst.« – »Gib ihn mir, ich weiß, was ich wünsche!«

*

Das Hirtenmädchen umschloss den Käfer mit zärtlichen Händen, wärmte ihn vom Herzen her und und ließ aus tiefster Seele einen Wunsch aufsteigen. »Weißt du, was ich mir gewünscht habe? Ich habe mir gewünscht, dass wir beide eines Tages wieder hier auf dieser Wiese beieinander sitzen, dann nämlich, wenn du aus dem *Unglücklichen Land* heil zurückgekehrt bist. Ich werde das weiße Tuch wieder auf dem Gras ausbreiten. Wir werden gute Dinge essen und trinken. Du wirst mir alles erzählen, was du erlebt hast. Und dann wirst du mir eine von den fünf oder sechs Weisheiten sagen, die es noch wert sind, dass ich sie in mein kleines Buch schreibe.«

*

»So wird es sein. Ich glaube ganz fest daran«, sagte der Wanderer, »und jetzt nimm dein kleines Buch zur Hand, denn schon heute habe ich eine Weisheit, die ich aus der Begegnung mit dir schöpfen konnte:

*Gott vergisst die Tage,*
*an denen du allein geblieben bist.*
*Aber er rechnet dir tausend Tage*
*für die eine Stunde an,*
*in der du einen Freund gewonnen hast.*

Und jetzt sage ich dir Ade!« ❧

Der Wanderer, der schon oft die geebneten Straßen verlassen, unter Bäumen geschlafen und an Quellen getrunken hatte, fand einen Weg durch Feld und Gesträuch und durch den kalten Wind und stand schließlich vor jener endlos sich hinziehenden Grenze. Endlich fand er auch den Schlagbaum, hinter dem eine breite Straße in das *Unglückliche Land* begann. Niemand war zu sehen. Der Wanderer stieg über den Schlagbaum und klopfte mit seinem Stab an die Tür des Grenzhauses. Alles blieb stumm. Keiner tat ihm auf.

*

Hinter dem Haus fand er die Wächter, vor denen sich einst die Welt draußen gefürchtet hatte; sie saßen traurig am Boden. Ihre Waffen hatten sie längst von sich gelegt. – »Warum wacht ihr nicht, wie es eure Sache ist?«, fragte der Wanderer die traurigen Wächter. – »Weil wir vergessen haben, was wir bewachen sollen«, sagte einer von ihnen. Und ein anderer sprach: »Weil wir noch nie eine Gefahr gesehen haben und noch keinen Feind kennengelernt haben.« Und ein Dritter: »Bist du denn, was man einen Feind nennt? Das würde uns interessieren.« – »Nein«, sagte der Wanderer, »ein Feind bin ich nicht. Ich bin nur ein Mensch.«

*

»Schade, sehr schade!«, sagte der Älteste der Wächter, »es hätte uns sehr geholfen bei der Verscheuchung der Traurigkeit.« – »Wieso seid ihr denn traurig?«, wollte der alte Wanderer wissen. Die Soldaten schauten sich gegenseitig mit verständnislosen Blicken an; einer wandte sich schließlich an den Wanderer und antwortete: »Na, welchen Sinn hat es schon, ohne Feinde ein Soldat und Wächter zu sein? Welchen Sinn hat es, die Waffen zu putzen und die Kanonen zu ölen, wenn keiner in der Nähe ist, an dem wir sie ausprobieren können? Welchen Sinn soll das haben, frage ich dich?«

*

»Es hat keinen Sinn«, meinte der Wanderer und gab den Soldaten von dem frischen Brot und dem Schafskäse, den ihm das Hirtenmädchen mit auf den Weg gegeben hatte.

Da heiterten sich die Mienen der Soldaten etwas auf. Sie gaben ihrem Gast sogar Wein und vergaßen für eine Weile, dass sie nur diese Traurigkeit hatten, nicht aber einen Sinn. Und dass sie bleimüde waren von einer Aufgabe, die sie aus Mangel an Feinden gar nicht durchführen konnten.

*

Der Wanderer erzählte ihnen von seinen Reisen durch die Welt, und die Soldaten lauschten ihm mit wachsendem Interesse. Und da mit ihrem Interesse auch die Menge des Weines stieg, wurden sie immer gesprächiger. Von der Welt wussten sie so gut wie nichts, nur dass es außerhalb der schützenden Grenze bedeutend schlimmer aussehen müsse als innerhalb. Sie vermuteten Mord, Totschlag, Niedertracht und Ausschweifung da draußen, begeisterten sich sehr dafür und missbilligten, dass der Wanderer auf seinen Reisen von all dem nur wenig gesehen haben wollte. Und da sie annahmen, dies zu sehen könne der einzige Zweck des Reisens sein, rieten sie dem Wanderer von der Reise durch ihr Land rundweg ab und sagten zu ihm: »Hier gibt es nichts zu sehen. Alles hat seine Ordnung. Wir sind ein außerordentlich glückliches Land.« Und alsbald verfielen sie wieder in ihre alte Traurigkeit.

Nur mit Mühe konnte der Wanderer ihnen entlocken, dass das *Unglückliche Land* aus sechs Städten und einer Königsstadt bestand. Sie erzählten ihm, dass die Bewohner des Landes – nämlich die von Rödelheim, Neid im Winkel, Spaßloch, Eisenstock, Lug-an-der-Trug und Meuchelberg – über die Maßen tüchtig seien, diese Tüchtigkeit aber nur durch die überaus kluge Regentschaft von König Brustraus VII. zu erklären sei, der in seiner Residenz Siebenwolken Hof halte auf seine einzigartige Weise. »Er hat bis heute genau 1123 Gesetze erlassen und von seinen Verordnungen ist eine vollkommener als die andere.« Und sie holten einen verstaubten Rahmen hervor; das Bild darin zeigte den Kopf eines Herrschers, der sehr achtungsgebietend und streng aussah. – »Ich danke euch sehr, ihr lieben Soldaten«, sagte der Wanderer. »Ich würde euch gerne etwas schenken, weil ihr mir so bereitwillig Auskunft über euer Land gegeben habt. Das setzt aber voraus, dass ihr einen Wunsch habt …«

*

»O«, meinten die Soldaten, »da bist du aber an die Falschen geraten! Ein Wunsch ist nun gerade das, was wir nicht haben. Man kann sich das abgewöhnen. Unsere Regierung hat nämlich in einem Zehnjahresprogramm dafür gesorgt, dass wir wunschlos glücklich sind. Wir haben alles, was wir uns nur wünschen können. Wünschen ist daher nicht gerne gesehen. Genau genommen ist es ja auch zwecklos – wir könnten ohnehin nur wünschen, was im Zehnjahresprogramm vorgesehen und spätestens nach dessen Durchführung verwirklicht ist. Wer wünscht, kritisiert damit die Regierung in den Maßnahmen ihrer allgemeinen öffentlichen Vorsehung. Dir, Fremder, raten wir: Lass dich besser nicht beim Wünschen erwischen!« – »Andere Länder, andere Sitten«, lächelte der Wanderer, zuckte mit den Schultern und machte sich auf den Weg. ❧

Ein Schild wies ihn nach Rödelheim. Auf einer schattenlosen Straße, die sich durch geradzeilig gepflügtes Ackerland hinzog, schritt der Wanderer munter voran, ohne auch nur einer Menschenseele zu begegnen. Den Wunschkäfer hatte er auf die Schulter gesetzt, wie er es der besseren Unterhaltung halber häufig auf langen Wegen zu tun pflegte.

✳

»Was lernen wir daraus, mein Freund? Dass es vollkommene Regierungen gibt?«, fragte er den Wunschkäfer. – »Eher, dass es vollkommene Trottel gibt. Oder dass es vollkommene Regierungen nur dort gibt, wo es komplette Dummköpfe gibt ...« – »Jede Art von Vollkommenheit macht mir Angst«, bemerkte der Wanderer, »eine gerade Linie ist vollkommen, 2 + 2 = 4 ist vollkommen, aber Menschen sind nicht vollkommen.« – »O ja«, fügte der Wunschkäfer hinzu, »das Schönste an den Menschen ist, dass sie sich nach etwas sehnen, das sie vielleicht nie erlangen. Ohne Hoffnung, ohne Träume werden die Menschen hässlich und stumpf.« Der Wanderer stimmte ihm zu. – »Ja, und darum freue ich mich an den Augen der Kinder. Es liegt die größte Klugheit der Welt darin, so bedingungslos zu glauben, wie sie es tun, bevor sie von den Erwachsenen und der Welt ernüchtert werden. Sie sind ganz schön, weil sie alles von dir, vom Leben erwarten. Wir Alten, wir Enttäuschten, wir sind die Dummen, nicht die Kinder. Die Kinder wissen mehr vom Leben.«

*

Über das Gespräch wurde es Abend, als sie die ersten Häuser von Rödelheim erreichten. Da der Wanderer kein Geld besaß, schaute er nach einer Scheune oder einem anderen Unterschlupf, wo er übernachten konnte. Aber er fand, wo er auch suchte, nur glatte, verschlossene Häuser mit abweisenden Fassaden und nicht einen Menschen, den er ansprechen konnte. So entschloss er sich, bei einem der Häuser anzuklopfen, um nach einer Unterkunft zu fragen.

»Guten Tag!«, sagte der Wanderer zu der Frau, die ihm aufmachte. – »Habe ich Sie bestellt? Und wenn ja, wofür?«, fragte die Frau. – »Niemand hat mich bestellt; ich habe einfach bei Ihnen angeklopft, um Sie etwas zu fragen.« – »Dann machen Sie also eine Umfrage. Warum haben Sie keinen Termin vereinbart?« – »Ich mache keine Umfrage. Ich wollte nur etwas wissen von Ihnen«, sagte der Wanderer. »Ich bin nämlich fremd hier, ein Wanderer sozusagen. Ich wüsste gerne, wo ich heute Nacht schlafen kann.«

*

Die Frau schaute sehr befremdet: »Das kommt mir aber sehr verdächtig vor. Meines Wissens ist es nicht vorgesehen, dass man hierhin reist. Wenn Sie absolut reisen wollen, fahren Sie doch an die See oder nach Spaßloch! Hier kann man nicht einfach herumstehen und es gibt nichts zu besichtigen. Sie sind hier in Rödelheim, mein Freund! Hier wird gearbeitet, gearbeitet und noch einmal gearbeitet – und zwar rund um die Uhr. Übernachtungen für Durchreisende sind daher nicht geplant. Hier gibt es keine Hotels und keine Gasthäuser. Da fällt mir ein: Haben Sie überhaupt eine Arbeitserlaubnis?« Der Wanderer schüttelte den Kopf. – »Dann dürfen Sie hier nicht sein. Und wer hier nicht sein darf, darf auch hier nicht essen und nicht schlafen. Sie sind in Rödelheim nicht erwünscht. Und jetzt gehen Sie gefälligst, Sie halten mich nur von der Arbeit ab.«

*

»Entschuldigen Sie«, erwiderte der Wanderer, »ich möchte Sie wirklich nicht von der Arbeit abhalten. Ich möchte Ihnen auch keine Arbeit stehlen, nicht von Ihrem Essen essen und keinen Ihrer kostbaren Schlafplätze belegen. Mein Essen habe ich mitgebracht; ich suche nur eine alte Scheune mit etwas Heu darin, um nicht auf der Straße übernachten zu müssen.« – »Sie sind der merkwürdigste Mensch, der mir je begegnet ist«, antwortete die Frau. »Scheunen gibt es hier schon lange nicht mehr, nur ordentliche Lagerhallen. Dort liegen Sachen; Menschen haben da nicht zu liegen, weder bei Tag noch bei Nacht. Hier gilt: ein Mensch – ein Bett. Und da Sie kein Bett haben ... na, nun gehen Sie, sonst lasse ich Sie verhaften.« – »Das ist eine gute Idee«, meinte der Wanderer, »in einem Gefängnis lässt es sich nicht schlecht übernachten.« Und er schaute sie mit arglosem Gesicht und freundlichen Augen an.

*

Wachleute kamen und nahmen den Wanderer mit, führten ihn in das Gefängnis und verhörten ihn. – »Was bist du?«, fragten sie. – »Ein Mensch«, antwortete der Wanderer. – »Das genügt uns nicht«, sagten die Polizisten, »was du machst, wollen wir wissen.« – »Ich reise«, antwortete der Alte. – »Aha, du bist also ein Reisender, ein Handlungsreisender. Und mit was handelst du?« – »Ich handle mit nichts.« – »Das ist Unsinn!«, meinten die Polizisten, »kein Mensch handelt mit nichts, es sei denn, er ist ein Betrüger. Jeder gibt etwas, um etwas zu bekommen. Jeder muss kaufen und sich verkaufen. So ist das Leben.« – Der Wanderer lächelte und schüttelte seinen bärtigen Kopf: »Ich habe festgestellt, dass es auch anders geht. Ich beispielsweise lebe vom Verschenken.« – »Ah, man ist also vermögend und hat viel Geld.« – »Ich bin zwar reich, aber Geld habe ich leider überhaupt keines. Ich schenke den Menschen ihre Wünsche zurück. Und sie schenken mir ihr Lächeln. Davon kann man prima leben.« – »Das genügt«, sagten die Polizisten, schlugen ihre Akten zu und führten den Wanderer in eine Zelle, in der mehrere Betten standen.

*

Auf einem der Betten schlief ein junger Mann, der durch die Polizisten und den Neuankömmling geweckt wurde. – »Merkwürdig«, sagte der Wanderer zu seinem Zellengefährten, »du bist der Erste, den ich lächelnd finde im

*Unglücklichen Land.* Was hast du verbrochen und warum bist du so fröhlich?« – »Hier hat man seine Ruhe«, antwortete der junge Mann, »und man kann nach Herzenslust denken. Das ist schön. Sie haben mich beim Träumen erwischt und das ist während der Arbeit nicht erlaubt. Um ehrlich zu sein: Ich bin sogar rückfällig geworden. Man kennt mich hier schon. Ich habe zu viel Phantasie und kann mir die Sehnsucht so schlecht abgewöhnen, wenn sie auch nichts an den Zuständen in diesem Land ändert.«

*

»Dann passen wir zusammen. Ich verstehe etwas von der Sehnsucht, vom Träumen und den Wünschen und kann dir dabei helfen.« Der alte Mann machte seinen Beutel auf und teilte Brot, Käse und Wein mit dem jungen Mann. Und sie waren sehr fröhlich. Das Glück zog in die Zelle ein und sie schliefen in dieser Nacht sorglos und zufrieden.

*

Am Morgen blitzte die Sonne durch das Fenster. – »Schau«, sagte der Wanderer zu seinem Zellengefährten, »dies ist der Wunschkäfer. Ich pflege ihn an Menschen zu verschenken, die das Wünschen noch nicht verlernt haben. Du musst ihn in der Schale deiner Hände bergen und dein Herz sprechen lassen. Dann erfüllen sich deine tiefsten Wünsche.« – »Meine tiefsten Wünsche?«, fragte der junge Mann ungläubig. – »Ja, die tiefsten. Und nur die selbstlosen Wünsche sind es, die sofort Wirklichkeit werden. Egoistische Wünsche versteht der Käfer nicht.« – »Dann weiß ich, was ich mir wünschen werde«, sagte der junge Mann begeistert. Er nahm den Wunschkäfer vorsichtig in beide Hände, wärmte ihn vom Herzen her und sagte: »Ich wünsche mir Blumen in Rödelheim. Überall sollen Blumen sein, wohin die Menschen auch blicken. Blumen über Blumen. Einmal möchte ich sehen, was dann passiert!«

*

Kaum hatte er seinen Wunsch ausgesprochen, da stand im Strahl der Morgensonne ein wunderbarer Strauß mit Margeriten, Anemonen und Rittersporn auf dem Tisch in der Zelle. Kaum war das geschehen, da hallte Geschrei und Lärm durch das Gefängnis. Trillerpfeifen ertönten, man hörte harte Kommandorufe und die hastigen Schritte der Wachleute auf den Korridoren. Überall wurden die Türen der Zellen aufgeschlossen. – »Blumen, Blumen, Blumen, wohin man blickt«, schrie ein Polizist, und ein anderer rief: »Das ist Revolution!«

*

Weil die Wachleute aber alle Hände voll zu tun hatten, die Blumen von den Tischen zu schaffen und dabei in der Aufregung vergaßen, die Türen der Zellen wieder zu schließen, spazierten die Gefangenen einfach hinaus ins Freie. – »Auf Wiedersehen«, sagte der Wanderer zu dem Gefängnisdirektor, der gerade dabei war, sich eine Rose aus dem Knopfloch zu reißen. – »Äh, auf Wiedersehen«, sagte auch der Gefängnisdirektor, während er von einem Bein auf das andere trat, seinen zerstochenen Daumen lutschte und mit schmerzverzerrtem Gesicht an die Decke blickte.

*

Wie sah es aber erst auf den Straßen und Plätzen in Rödelheim aus! Wo sich gestern noch alles einfach grün war, wogten heute blühende Wiesen im Sommerwind. An den glatten Fassaden der Häuser prangten plötzlich üppige Blumenkästen mit leuchtenden Geranien. Die Menschen unterbrachen ihre Arbeit, traten auf die Straße, lachten und unterhielten sich. Plötzlich waren Kinder zu sehen, die auf der Wiese tollten und sich bunte Bälle zuwarfen. Und alle fanden die Polizisten komisch, die sich mit wütendem Eifer bemühten, die Menschen wieder in die Häuser und an die Arbeit zu treiben.

»Habe ich dir zu viel versprochen?«, flüsterte der Wunschkäfer dem Wanderer ins Ohr, der sich beeilt hatte, Rödelheim hinter sich zu lassen, bevor die heitere Bezauberung des ungastlichen Ortes ihre Kraft verlieren mochte. – »Nein«, gab der Wanderer zurück, »du hast eine unglaubliche Kraft in dir, Wunschkäfer!« – «Du irrst, mein Freund«, antwortete der Käfer, »nicht ich habe die Kraft – die Kraft liegt in den Wünschen und dem Feuer, mit dem man ihre Erfüllung herbeiruft.

*Du kannst, so viel du wünschst.*
*Wünsche, so viel du kannst!*

*Wünsche sind Kinder.*

*Die Liebe bringt sie zur Welt,*
*die Zeit lässt sie reifen*
*und die Geduld groß werden.«*

»Willst du damit sagen, dass du gar nicht zaubern kannst?«, erkundigte sich der Wanderer mit einiger Verwunderung. – »Soll ich dir etwas verraten?«, flüsterte der Käfer, »es ist nicht wichtig, was ich kann oder nicht kann oder was dieser und jener kann oder nicht kann.

*Man muss an*
*das Unerreichbare glauben,*
*um das Erreichbare*
*zu erlangen.*

Aber was dich betrifft: Du solltest langsam unterscheiden lernen zwischen Zauberei und Wundern. Wunder sind möglich, Zauberei nicht.« – »Darüber müssen wir ein andermal ausführlicher sprechen«, unterbrach ihn der Wanderer, öffnete seinen Beutel und bat den Wunschkäfer freundlich hinein.

*

Die Straße hatte ihn ins Bergland geführt und über eine Abzweigung gelangte er in ein etwas abseits gelegenes

Städtchen. Freundlich lachte die Sonne über den in die Hügel hineingeschmiegten kleinen Ort. Freundlich grüßte die Ortstafel: Neid im Winkel. Freundlich grüßten die sauberen und schmucken Häuser herüber. Das passt gar nicht zum *Unglücklichen Land*, dachte sich der alte Wanderer. Unter der Ortstafel war ein großes Schild angebracht. Darauf stand, von feinen Schnörkeln umgeben, geschrieben:

*Willkommen in Neid im Winkel!*
*Hier ist das Paradies,*
*denn die Bürger dieser Stadt*
*haben alle Unterschiede*
*einfach abgeschafft.*
*Hier gilt nicht mehr*
*arm oder reich,*
*groß oder klein,*
*stark oder schwach.*
*Hier in Neid im Winkel sind alle gleich.*
*An uns soll sich die Welt*
*ein Beispiel nehmen.*

Das möchte ich sehen, dachte sich der Wanderer. Zu seinem Erstaunen fand er eine Vielzahl von Häusern, die auf den ersten Blick alle gleich aussahen. Alle Grundstücke waren von der gleichen Größe und alle waren sie von dem gleichen weißen Gartenzaun umgeben. Alle Häuser waren nach Osten hin ausgerichtet, alle hatten rote Dächer und alle hatten fünf Fenster. Vor allen Haustüren baumelte der gleiche Myrtenkranz und sogar die Mülltonnen standen akkurat am selben Platz, und zwar mit der Klappe zum Haus hin gewendet. Interessiert schritt der Wanderer durch die Straßen der Stadt. Die hießen nicht »Waldstraße« und »Uferweg« und »Bergallee«, wie man andernorts Straßen zu benennen pflegt. Sie hießen vielmehr »Erste Straße« und »Zweite Straße« und »Dritte Straße« und so fort. Aha, dachte sich der Wanderer, niemand soll in einer vornehmeren Straße wohnen als der andere.

*

Als er aber so seinen Weg durch die Stadt nahm, fiel ihm auf, dass es doch den einen oder anderen Unterschied bei den Häusern gab. So bemerkte er, dass einige der Myrtenkränze frisch geflochten aussahen, andere aber welk herabhingen und wieder andere gar nicht aus natürlichem Grün, sondern künstlich gefertigt schienen. Alle Häuser hatten zwar einen Gartenzwerg von gleicher Form im Vorgarten stehen; an einigen aber blätterte schon die Farbe ab, während andere leuchteten und glänzten.

In der Mitte des Ortes stand ein mächtiges Rathaus. Niemand hinderte den Wanderer daran, es zu betreten und sich in aller Ruhe darin umzusehen. Während die Häuser der Bürger einen zwar gepflegten, aber bescheidenen Eindruck hinterließen, war das Rathaus ein pompöser Riesenbau, ein wahrer Bienenstock, in dem Menschen mit Akten unter den Armen und großer Geschäftigkeit hin und her eilten. Es war gar nicht einfach, sich darin zurechtzufinden. Aber bald entdeckte der Wanderer Schilder an den Türen, die ihm erklärten, was hier verwaltet wurde.

*

Er fand eine Tür, an der die Aufschrift angebracht war: »Amt für Grünpflege« mit den Unterabteilungen »Rasenbegrünungsangleichungsstelle« und »Rasenschnitthöhenkontrollbüro«. Es schloss sich das Bauamt an; dieses war unterteilt in die »Städtische Gartenzaunzulassung« und eine »Amtsstelle für Ziegelwesen und Dachwinkelneigung«. Am schwarzen Brett fand er eine Einladung zur wöchentlichen Sitzung der ständigen Arbeitsgruppe »Der Gartenzwerg in Neid im Winkel«, einer Untergruppe des Untersuchungsausschusses »Neid im Winkel muss schöner werden«. Der alte Wanderer rieb sich verwundert die Augen und verließ das Rathaus, jedoch nicht ohne einen der Beamten zu fragen, ob es denn in Neid im Winkel auch ein Gasthaus gebe. »Nicht eines, mein Freund, Neid im Winkel besitzt drei Gasthäuser. Hier gibt es keine Monopole! Wenn Sie zur Tür hinaustreten, werden Sie die Gasthäuser gleich zur Rechten finden.«

*

Welches Gasthaus sollte der Wanderer nun wählen? Das erste, das zweite oder das dritte? Alle sahen sie gleich aus; alle hatten sie die gleichen Speisen im Angebot; überall gab es dieselben Getränke. Da der Wanderer die Gerechtigkeit liebte, dachte er sich: Die meisten Leute werden das erste Gasthaus wählen. Dem dritten wird es daher am schlechtesten gehen. Dies werde ich besuchen. Der Wanderer betrat also das dritte Gasthaus. Die Tische waren herrlich gedeckt, Kerzen brannten darauf. Aber Gäste fanden sich nicht darin. Die beleibte Köchin schlief hinter dem Tresen und schaute mit großen Augen aus ihrem roten Gesicht, als sie den Wanderer entdeckte. – »Was wollen Sie hier?«, stammelte sie. – »Nun, ich dachte, dies wäre ein Gasthaus. Draußen hängt eine Speisekarte, die Tür steht auf, die Kerzen brennen und Musik klingt auf die Straße hinaus«, meinte der Wanderer. – »Da sieht man einmal, dass Sie nicht von hier sind«, meinte die

Köchin bekümmert: »Kein Mensch besucht hier das Gasthaus und schon gar niemand das dritte.« – »Aber das ist doch Irrsinn«, wagte der Wanderer einzuwenden, »wofür braucht man ein Gasthaus, ja gleich drei Gasthäuser, wenn sich kein Mensch darin verirrt?«

*

»Mit Verlaub gesagt, davon verstehen Sie nichts«, erwiderte sie, »aber ich will es Ihnen erklären. Alles hier in Neid im Winkel hat seine genaue Ordnung. Hier, sehen Sie, dies ist die Allgemeine Gaststättenverordnung unseres Landes, und sie sieht vor ... Na, wo haben wir es denn?« Die Wirtin blätterte. »Aha, hier: ... dass eine Stadt ab 4999 Einwohner zwingenderweise mindestens einen ganzbestuhlten vollverköstigenden Gastronomiebetrieb mit Fließbierlizenz haben muss. Da Neid im Winkel aber laut letzter Zählung über 5999 Einwohner hat, ist ein zweiter ganzbestuhlter vollverköstigender Gastbetrieb mit Fließbierlizenz notwendig einzurichten. Diese Verordnung aber überschneidet sich nun just mit § 96,2 der Branchenwettbewerbsangleichungsverordnung, der bei zwei konkurrierenden Wettbewerbern die unbedingte Einrichtung eines dritten vorsieht. Sie sehen also: Alles hat seine Ordnung!« Die Wirtin sah den Wanderer herausfordernd an und wedelte mit dem Gesetzestext.

»Kochen Sie mir etwas!«, sagte der Wanderer. – »Ich, kochen?« stammelte die Wirtin und fing an zu schwitzen, »ich – ich weiß gar nicht, ob ich das noch kann!« – »Doch, doch, Sie können es. Ich sehe es Ihren Augen an. Sie sind eine Künstlerin! Eine von den ganz seltenen. Ich sehe es Ihnen an! Nur Mut! Kommen Sie, wir gehen in die Küche – und dann zaubern Sie mit Ihren Töpfen und Pfannen, wie Sie immer schon zaubern wollten! Ich verrate nichts. Und ich zahle Ihnen auch nichts.«

*

Die Hände der Köchin zitterten: »Ich weiß es genau – Sie sind ein Spion. Ich habe es gesehen, eben gerade kamen Sie aus dem Rathaus …« – »Ach nein«, beruhigte der Wanderer sie, »ich bin nur irgendein Fremder, der sich hierher verirrt hat. Und im Übrigen bin ich ein Mensch, Sie sind auch ein Mensch. Ich sehe in Ihr Herz!« – »Ja, ich bin ein Mensch«, brach es aus der Wirtin heraus und eine dicke Träne rollte ihre Wange herunter, »ja, auch ich bin ein Mensch, aber Sie dürfen es wirklich niemandem verraten, sonst bin ich verloren! Kommen Sie mit!«

*

Noch einmal sah sie sich verlegen um. Dann zog die Köchin, so schnell es ihre Leibesfülle erlaubte, den Wanderer hinter den Tresen und in die Küche. Hier blitzten und lachten die Töpfe ihnen entgegen. – »Kommen Sie, kommen Sie, es wird noch viel schöner! Schauen Sie mit in den Garten. O Gott, o Gott, ich bin verloren, wenn Sie das weitersagen!« Die Tür tat sich auf, und ein bunter Gemüsegarten von schönster Art bot sich den Blicken dar. Thymian, Rosmarin und andere erlesene Würzkräuter verströmten einen betäubenden Duft. Rund um einen mit rotgoldenen Früchten prangenden Apfelbaum verlockten gelbe Kürbisse, grüne Gurken, dick behangene Bohnenstangen, herrliche Kohlköpfe, saftige Tomaten und knackiger Salat zum Zugreifen.

*

Die Köchin holte eine Korb aus dem Gartenhaus, in den sie schnell und mit geschickter Hand dies und das, von allem das Beste, einsammelte und in die Küche brachte. Aus dem Keller besorgte sie zwei Flaschen kostbaren Roten, öffnete sie, schenkte ein und begann unter den fröhlichen Augen des Wanderers mit den kupfernen Pfännlein wirklich und wahrhaftig zu zaubern. Bald schmauchte der Ofen, bald kochte es hier und brutzelte es dort – eine Musik ohnegleichen, die sich mit den feinsten Düften mischte. Fertig? Nein, noch nicht! Eine rote Decke, eine Kerze, ein paar Teller herbei! Und dann aßen und tranken sie, bis die Nacht hereinbrach, ihnen die Zungen schwer und die Herzen leicht wurden.

*

»Warum, meine Liebe, übst du deine meisterliche Kunst nicht für alle Menschen in dieser Stadt aus? Warum trägst du die Schätze nicht auf? Der Duft deiner Köstlichkeiten würde auf die Straße hinausdringen und die Spaziergänger unwiderstehlich zum Hereinkommen verlocken. Erst kämen zwei und dann drei und schließlich kämen alle. Du könntest dich vor Andrang nicht retten und müsstest die Plätze vergeben. Warum bietest du draußen auf der Speisekarte das Einerlei an, das alle anbieten?«, fragte der Wanderer. – »Ach«, stöhnte die Köchin und nahm einen tiefen Schluck aus dem Glas, »es ist der Neid, der alles verdirbt! Wir haben uns hier nun einmal entschieden, gleich zu sein und den Neid abzuschaffen.« – »Ihr habt nicht den Neid abgeschafft, sondern die Freude, das Besondere und die Kunst ... Kannst du noch wünschen, hast du noch Träume, Küchenmeisterin, oder hast du deine Wünsche, deine Sehnsucht schon begraben?« – »Nein, nein, nein ...« – »Dann kann ich dir helfen – warte nur bis morgen!«, lächelte der Wanderer. – »Was bist Du nur für ein Mensch!«, stammelte die Wirtin, nahm das bärtige Haupt des Wanderers in ihre fleischigen Hände und gab ihm einen ebenso innigen wie feuchten Kuss auf die Stirn. Dann legten beide den Kopf auf den Tisch und schliefen selig ein.

*

»Gib mir deine Hände, Wirtin«, sagte der alte Wanderer am Morgen, »ich werde etwas hineinlegen, das alles verändert!« Die Wirtin formte ihre roten Hände zu einer Schale, und der Alte legte den Wunschkäfer in sie hinein. – »Was ist das?« – »Das ist der Wunschkäfer. Er ist für Leute mit Herz, also für Menschen wie dich gemacht. Denn du hast nicht nur ein Herz – du bist Herz, mit jedem Gramm deines prächtigen Leibes. Wärme den Wunschkäfer nur vom Herzen her und suche in deiner Seele nach etwas, was gut zu wünschen ist. Dann wird sich dein Traum erfüllen!« Die Wirtin sah den Alten mit großen Augen an – und dann schloss sie die Augen und wünschte, wünschte, wünschte, wie sie niemals zu wünschen gewagt hatte.

*

»Was ist das?«, fragten die Beamten, »riecht ihr es auch?« – »Ja, wir riechen es auch«, sagten andere Beamte, »es ist ... irgendwie ... anders.« – »Wenn es anders ist, darf es nicht sein«, befand der Amtsrat. – »Es riecht nicht nur anders«, rief der Bürgermeister, der gerade zur Tür hereingestürmt war, »es sieht auch anders aus!« – »Was sieht anders aus?«, schrien alle durcheinander. – »Die ganze Stadt ist in Aufruhr! Die Mülltonnen stehen falsch. Die Gartenzwerge machen Kopfstand. Und der Gipfel ist: In den städtischen Grünanlagen wächst Blumenkohl!«

Alle wollten es sehen. Dickbrillige, grau gewandete Sachbearbeiter liefen sich die Lunge aus dem Leib, rannten kreuz und quer durch Neid im Winkel und notierten in Blöcken das ganze Ausmaß des Verderbens. Sie schwitzten und stöhnten, denn sie kamen kaum mit dem Schreiben nach. Aus offenen Fenstern strömte der Wohlgeruch unbekannter Speisen; im Dorfbrunnen schäumte ein Badezusatz; das Denkmal des unbekannten Kriegers trug einen Tirolerhut und eine Unterhose mit lila Punkten und der Pfarrer nahm zusammen mit dem Herrn Oberlehrer mitten auf dem Marktplatz ein Sonnenbad.

»Badezusatz!«, wieherte der Kurdirektor und bog sich vor Lachen in seinem Sessel. »Und da hat man Sie also aufgegriffen und zuständigkeitshalber zu uns überstellt? Nein, ist das köstlich!« Der Kurdirektor schob seine Brille noch ein Stück tiefer auf die Nasenspitze und las weiter in dem Schreiben, das man ihm zugleich mit dem Übeltäter überbracht hatte: »... hat dieser die Beamtenschaft im Allgemeinen sowie mittels einer Unterhose das Kriegerdenkmal unserer Stadt im Besonderen dem öffentlichen Gelächter preisgegeben. – Nein, das geht über meine Kräfte!«, prustete der Kurdirektor und lachte, dass ihm die Tränen aus den Augen schossen. »Kolossal, mein Freund, kolossal! Diese engstirnigen Banausen in Neid im Winkel! Setzen Sie sich her zu mir, nehmen Sie sich eine Zigarre, mein

Bester! Und erzählen Sie, was Sie da angestellt haben bei diesen Quadratköpfen!«

*

Dem alten Wanderer war unwohl in der Gesellschaft des Kurdirektors. – »Ein anderes Mal gerne, Herr Direktor! Verzeihen Sie einem alten Mann, dass er sich nach einem solchen Tag nur noch nach der Pritsche im Gefängnis sehnt …« – »Ja, wo sind wir denn?«, polterte der Kurdirektor mit gespielter Empörung, »in Spaßloch gibt's keine Gefängnisse, höchstens Spaß-Löcher, hö-hö-hö …«

*

Wie ihm überhaupt die eigenen Witze am besten gefielen, so erheiterte auch diese Bemerkung den Kurdirektor ungemein, denn er konnte sich nicht einkriegen vor Lachen. – »Nun schlafen Sie sich erst mal aus, Sie Spaßvogel, dann werden wir Sie schon der gerechten Strafe zuführen!« Mit Schwung ließ er seine Hand auf die Tischklingel niedersausen, worauf sich die Tür öffnete und eine junge Dame nach seinen Wünschen fragte. – »Die rosa Suite – und auch sonst à la carte!«, befahl der Direktor, griff mit der Linken zum Sektglas und wies, während er in die andere Ecke des Raumes schaute, mit der Rechten den Wanderer und die Bedienstete nach draußen.

*

Doch war die Matratze seines Bettes so weich, dass der Wanderer keinen Schlaf finden konnte. Er stand auf, zündete eine Kerze an, nahm seine Zudecke und bereitete sich auf dem Bettvorleger ein angemesseneres Nachtlager. – »Wanderer!«, rief es aus dem Beutel, »findest du auch keine Ruhe?« Der Alte musste lächeln. Rasch befreite er den kleinen Freund aus der Tasche und setzte ihn sorgsam auf den Rand des Kerzenständers. – »Ja, ich finde auch keine Ruhe. Wo sind wir hier bloß hingeraten?« – »Nun, wir sind in Spaßloch. Wenn mich nicht alles täuscht, ist das die Abteilung ›Heiterkeit‹ im *Unglücklichen Land*«, meinte der Wunschkäfer. – »Ist wohl die gerechte Strafe dafür, dass wir den Schabernack an der falschen Stelle organisiert haben«, seufzte der Wanderer.

*

»Ja, Wanderer, hier im *Unglücklichen Land* hat alles seine genaue Ordnung«, gab ihm der Wunschkäfer Recht, »in Rödelheim wird blind geschuftet, in Neid im Winkel blind verwaltet, in Spaßloch blind belustigt. Arbeit ist Arbeit und Spaß ist Spaß. Wo gearbeitet und regiert wird, darf keiner der Beteiligten einen Scherz machen, sonst wird er sofort abgesetzt und für verrückt erklärt. Für den Humor gibt es schließlich eine eigene Ecke, die heißt

Spaßloch. Und außerdem gibt es Fachleute für diese Sparte, zum Beispiel den Herrn Kurdirektor. Bist du gerade in Rödelheim, so musst du arbeiten, und zwar mit tödlichem Ernst und ohne eine Miene zu verziehen. Bist du in Neid im Winkel, so darfst du unter keinen Umständen aus der Rolle fallen. Wenn du dich in Spaßloch befindest, so ist alles wieder anders. Dort musst du hüpfen und den Affen machen, notfalls mit dem Mut der Verzweiflung. Alles aber an der richtigen Stelle – sonst gnade dir Gott!«

*

Der Wanderer ließ seinen Kopf auf die Brust fallen: »Mein Problem ist, dass ich nur an den falschen Stellen lachen kann. An den richtigen Stellen bin ich traurig wie ein Stein.« – »Du kannst nicht auf Befehl lachen?«, fragte der Wunschkäfer. – »Nein!«, antwortete der Wanderer. – »Auch nicht ein wenig?« – »Auch nicht ein wenig!« – »Also ...?« – »Fliehen wir! ... « ❧

»Was mag uns in Eisenstock erwarten?«, seufzte der Wanderer, als er von ferne die ersten Häuser der Stadt wahrnahm. – »Der Name klingt nicht sehr vielversprechend«, pflichtete ihm der Käfer bei, »ich habe es lieber mit Menschen aus Fleisch und Blut zu tun. Eisen-Leute fühlen sich kalt und hart an.« – »Vergiss die Knochen nicht, Käfer«, bemerkte der Wanderer, »wer nur aus Fleisch und Blut besteht, dem fehlt beispielsweise das Rückgrat. Weißt du, welche Menschen ich am meisten bewundere? Menschen mit einem aufrechten Gang und einem fühlenden Herzen.

*Die Menschlichkeit des Menschen*
*besteht in der Gabe,*
*zugleich empfindsam und stark zu sein;*

*wunderbar ist der Mensch,*
*der das Weiche und das Feste*
*in sich versöhnt.*

Und dann muss das Harte und das Feine auch noch an der richtigen Stelle sein. Ich habe in meinem Leben so viele getroffen, die sind hart im Herzen und sogar in der Seele und weich im Rückgrat oder im Kopf. Vielleicht treffen wir ja in Eisenstock richtige Menschen und nicht nur solche, die falsch zusammengesetzt sind …«

*

»Hörst du das?«, unterbrach ihn der Wunschkäfer. Der Wanderer blieb stehen, hielt den Atem an und spitzte die Ohren.

*

»Das ist ja Musik!«, rief er aus, »von Eisenstock klingt Musik herüber. Musik im *Unglücklichen Land*! Hättest du das erwartet, mein Freund?« – »Nehmen wir es als ein gutes Zeichen!«, sprach der Käfer und verkroch sich in den Beutel.

*

Als der Wanderer näher an die Stadt herankam, fiel ihm allerdings auf, wie laut und plärrend die Musik war und wie häufig sie sich wiederholte. Alle paar Häuser war ein

Lautsprecher angebracht, aus dem mit Trommeln, Tschingderassa und blecherner Härte immer derselbe Marsch ertönte.

Er klang so:

KONSTANTIN WECKER

Wenn die Melodie zu Ende war, begann sie sofort wieder von vorne. Tönte das etwa Tag und Nacht so fort? Den Leuten schien die Musik zu gefallen, denn kein Mensch ging so, wie normale Menschen zu gehen pflegen. Alle bewegten sich im Takt des Marsches. Die Kinder auf dem Weg zur Schule marschierten tack-tack-tack in Reih und

Glied. Auch die Hausfrauen hatten ihre Marschordnung; sie liefen mit ihren schweren Einkaufstaschen nebeneinander wie die Soldaten im Stechschritt.
Eine Weile machte es dem alten Wanderer Spaß, sich dem flotten Marschrhythmus anzupassen und selbst die Beine zu schwingen. Bald aber ermüdete es ihn und die Ohren taten ihm weh. Er sehnte sich danach, einen ruhigeren Ort zu finden; aber in der ganzen Stadt schien es kein ruhiges Fleckchen zu geben. Da tat sich vor seinen Augen eine Kirche auf und der Wanderer sagte sich: »Dort muss es doch still sein! Ich werde mich ein wenig ausruhen.«

*

Und er schritt die Stufen zu dem Gotteshaus hinauf. An der Kirchentür war ein Zettel angeschlagen. Darauf stand geschrieben:

*Sei hart zu dir und eisern zu anderen. Zärteleien machen dick, dumm und ungehorsam.*
*Du sollst keine andere Musik als Marschmusik hören, sonst funktionierst du falsch.*
*Du sollst keinen Pudding essen. Karotten sind auch süß und Knoblauch stählt den Willen.*
*Du sollst Vater und Mutter nicht verwöhnen. Sonst werden sie übermütig.*

*Deine Matratze sei hart. Weiche Matratzen verderben den Charakter.*
*Du sollst auf die Zähne beißen. Das fördert die Moral und erhöht das Bruttosozialprodukt.*
*Du sollst kalt duschen. Warmes Wasser macht faul.*
*Du sollst kein Mittagsschläfchen halten. Der Tag ist für die Arbeit da.*
*Du sollst nicht küssen. Sonst bekommst du Grippe, Karies und Zahnfleischbluten.*
*Verschmähe Wollsocken, Kuscheltiere und lange Unterhosen. Sie bewirken den Untergang des Staates.*

Der alte Wanderer schüttelte den Kopf und öffnete die Pforten des Gotteshauses. Aber seine Hoffnung auf Stille erfüllte sich nicht. Ganz im Gegenteil. Da präludierte ein Organist im vollen Werk, und der Klang der Orgelpfeifen mischte sich grausam mit dem stampfenden Marschrhythmus aus den Lautsprechern, der durch die dünnen Kirchenfenster in den Raum eindrang.

*

Der Wanderer ließ sich aber nicht abschrecken. Er stieg die Stufen zur Empore hinauf und sah ein dünnes altes Männlein mit einer Nickelbrille, das mit wildem Eifer die Manuale und das Pedal des Instrumentes bearbeitete. Der

Wanderer trat hinter den Musiker und hörte dem Lärm eine Weile zu, ohne dass der Organist den Besucher auf der Orgeltribüne bemerkte.

*

Schließlich tippte er dem Musiker auf die Schulter. Erschrocken fuhr der zusammen und ließ von den Tasten ab. – »Was machen Sie da?«, schrie der Wanderer. Der Organist zuckte mit den Schultern und bedeutete ihm, dass er nichts verstanden habe. Er konnte auch nichts verstehen, denn er hatte sich Watte in die Ohren gestopft. Der Organist nahm sich die Stöpsel aus den Ohren und brüllte: »Wie konnten Sie mich nur so erschrecken? Mich hätte der Schlag treffen können.« – »Ich wollte nur wissen, was Sie da machen«, schrie der Wanderer. – »Na, Musik! Bach. ›Toccata und Fuge‹ – war das nicht zu hören?« – »Ehrlich gesagt: nein.« – »Ach«, stöhnte der Organist, »das ist einer der Nachteile dieses Landes. Sie wollen nur diese Marschmusik haben ... Sie sind wohl fremd hier?« – »Ja, ich bin ein Wanderer auf der Durchreise. Sagen Sie, gibt es denn in der ganzen Stadt hier keinen ruhigen Fleck?«

*

Der Organist sah sich um, ob denn auch keine Zeugen in der Nähe waren, dann winkte er den Wanderer nahe zu sich heran und rief ihm ins Ohr: »Doch. Kommen Sie mit in den Turm!«

*

Er stellte die Orgel ab, nahm seinen mächtigen Schlüsselbund und schlich gebückt die Turmtreppe hinauf. Oben angekommen, öffnete er eine schwere, niedrige Tür zu einer fensterlosen kleinen Kammer, knipste das Licht an und bat den alten Wanderer hereinzukommen. Zwei Stühle und ein kleiner Tisch bildeten das einzige Mobiliar. Überall, sogar an der Decke, war der Raum mit dicken Schaumstoffmatten ausgekleidet.

*

»Ah!«, atmete das Männlein auf und streckte sich, wobei sich seine Gesichtszüge aufhellten: »Hören Sie?« – »Ich höre nichts«, sagte der Wanderer. – »Aber das ist es ja gerade! Sie hören nichts, absolut nichts. Stille. Ha, es ist eine Lust!«

*

Der Wanderer packte seinen Beutel aus, gab dem Organisten von seinem Brot und teilte den Käse und den Wein mit ihm. Das gefiel diesem, und er kam ins Reden und Klagen: »Eisenstock ist die Hölle, wenn ich es Ihnen sage! Ordentlich und pflichtbewusst waren die Leute hier schon immer. Aber es war der Obrigkeit noch immer nicht genug. Eines Tages setzten sie eine Musikkommission ein, denn sie hatten gelesen, dass Kühe bei Mozart bessere Milch geben und schwangere Frauen kräftigere Kinder gebären, wenn sie nur Vivaldi hören.

*

Mit Mozart und Vivaldi hätte ich mich noch anfreunden können. Aber die Wissenschaftler kamen zu noch viel radikaleren Beschlüssen. Zuerst führten sie den 4/4-Takt ein und verboten alle anderen Taktarten, insbesondere den 3/4-Takt. Dann setzten sie sich zusammen und komponierten auf höchst demokratische Weise einen musikwissenschaftlich perfekten Marsch. Er ist wirklich vollkommen, denn er vereinigt alle staatspolitisch wünschenswerten Effekte der Musik in einem einzigen Stück. Andere Musik, das versteht sich, kommt da nicht mit, ist seither also überflüssig. Und schließlich befahlen sie die Einübung dieses Stücks in allen Schulen, bei allen Chören und Orchestern; sie verordneten es den Hochzeitsmusikanten, den Trauerkapellen und nicht zuletzt uns, den Organisten. Damit nicht genug: Eines Tages befahlen sie die immerwährende Beschallung aller Menschen und Tiere in Eisenstock mit diesem einen Marsch, den sie ja wohl gehört haben.«

*

»Und was kam dabei heraus?«, wollte der Wanderer wissen. – »Nun ja, es hat funktioniert. Eisenstocks Milchrate ist Weltrekord. Unsere Neugeborenen sind drall und stark. Unsere Jugendlichen sind folgsam und die Bürger funktionieren wie Rädchen in einer Maschine.« – »Und Sie, was ist mit Ihnen?«, fragte der Wanderer. – »Ha, ha«, feixte der Alte, »mich kriegen sie nicht herum! Ich bin ein Partisan. Ich stopfe mir Watte in die Ohren. Nachts schleiche ich durch die Straßen und schneide Lautsprecherdrähte durch. Und wenn ich im 4/4-Takt präludiere, baue ich manchmal sogar Triolen ein. Triolen, stellen Sie sich mal vor: bamm-bamm-ba-ba-ba-bamm ... Ha!«

*

»Sie gefallen mir, Herr Organist«, freute sich der Wanderer, »sollen wir uns verbünden? Ich sehe, Sie haben gewisse Wünsche, und ich habe ein Mittel sie zu erfüllen. Ich habe da nämlich einen ...» – »Prima, prima, mein Freund«, unterbrach der Organist den Wanderer, indem er auf die Uhr schaute, »wir werden uns darüber unterhalten. Ich muss jetzt nur in Windeseile nach unten. In zwei Minuten beginnt das Hochamt und ich habe die Orgel noch nicht registriert.« – »Sie erlauben«, fragte der Wanderer, »dass ich noch ein wenig die Stille genieße? Ich komme dann auch nach unten.« – »Ja, machen Sie nur! Wir sehen uns!«, rief der Organist, während er sich die Ohren mit Watte vollstopfte und aus der Tür eilte.

*

Der Wanderer streckte die Beine von sich und jetzt hörte er sie: die Musik der Stille. Endlich riss er sich los, packte seine Siebensachen und verließ das Turmzimmer. Schon auf der Treppe hörte er den Höllenlärm aus Marschmusik und Orgelklang. Auf der Orgeltribüne angekommen, sah er gerade, wie der Gottesdienst zu Ende ging und sich der Pfarrer und die Ministranten zum Auszug anschickten. Der Organist hob zu einem mächtigen Nachspiel an und während er in die Tasten griff, zwinkerte er dem Wanderer zu. Die ersten Akkorde rauschten.

»Bombardon und Mixtur dazu!«, brüllte der Organist zu dem Wanderer herüber. Der zog die gewünschten Register und die Orgel bebte. »Achtung, jetzt die Triolen!«, brüllte der Alte und feixte. »Umblättern!«, schrie der Organist. Der Wanderer schlug die neue Seite des Orgelbuches auf. Und während der Orgelmann sich mit hochrotem Kopf wilder und wilder in sein Spiel vertiefte, legte er ihm den Wunschkäfer auf das Notenpult.

*

Was dann geschah, ging in die Geschichtsbücher Eisenstocks ein. Mit einem Schlag mischten sich Donauwellen in das 4/4-Gespinst: Der verbotene 3/4-Takt ergriff das Kirchenschiff und brachte es zum Tanzen. Der Pfarrer tat die Hände vor die Augen, denn die Messdiener lupften ihre roten Röcklein und kamen ins Schunkeln und Schwingen. Der Küster umarmte selig sein Löschhörnchen, und einige Honoratioren von Eisenstock packten gar ihre Banknachbarin bei der Hüfte und tanzten lustvoll aus dem Kirchenschiff hinaus.

*

Draußen erst war das Chaos vollkommen. Die Lautsprecher bliesen eine rauschhafte Tarantella ins Volk. Nicht mehr 3/4-Takt, nein – gleich 3/8-Takt! Und hörte man recht? War das etwa ein Saxophon, das sich da unters Blech mischte? Natürlich! Das Schlagwerk zuckte und bebte, die Straße begann zu zittern. Die Hausfrauen warfen ihre Einkaufstaschen beiseite und wackelten fröhlich mit ihren Hinterteilen. Der Obsthändler balancierte gekonnt mit den Tomaten. Selbst die Kühe kamen aus ihrem Milchtakt und blökten wie wild. Und der Pfarrer stand am Ausgang der Kirche und hielt die Hände vors Gesicht. Aber seine Füße bewegten sich im Takt. ❧

»Jetzt sind wir zum dritten Mal glücklich im Gefängnis«, meinte der alte Wanderer und blickte ein wenig verzagt auf den Wunschkäfer: »Wohin ich mit dir komme, mein kleiner Freund, dort stellen sie uns nach, sperren uns ein, weisen uns aus der Stadt. Dieses Mal, so befürchte ich, wird es nicht so glimpflich ausgehen wie in Rödelheim oder Spaßloch.« – »Du meinst, sie wollen uns an den Kragen?« – »Ob es einem harmlos dreinschauenden Käfer ans Leben geht, weiß ich nicht zu sagen. Für einen alten Mann aus einem fremden Land aber, der aus unheilbarem Eigensinn alle nur denkbaren Gesetze dieses *Unglücklichen Landes* bricht, sieht es jedenfalls finster aus.« – »Wir hätten auf den alten Organisten hören sollen, als er uns warnte, auf jeden Fall den Besuch von Lug-an-der-Trug zu unterlassen.« – »Du

hast Recht, Käfer«, gab der Alte zu, »man darf sein Glück eben nicht herausfordern. Nicht nur der Mut ist eine Tugend, auch die Klugheit!« – »Wer hätte aber auch gedacht, dass die beiden freundlichen Herren, die sich auf dem Weg zu uns gesellten, Spione waren.« – »Und wer hätte gedacht, dass das gastliche Haus, in das sie mich nötigten, die Polizeipräfektur ist und dass die Hände, die sich mir so herzlich entgegenstreckten, Handschellen bereithielten? Wir sitzen in der Falle.« – »Jetzt, Wanderer, ist es für dich an der Zeit zu wünschen!«
– »Ach«, meinte der Wanderer, »ich bin alt und meine Tage sind so oder so gezählt. Soll ich mir jetzt ein Wunder wünschen? Soll ich vielleicht wünschen, dass sich gleich die Gitterstäbe biegen und die Gefängnismauern mit Getöse auseinander bersten?« – »Die Einzelheiten kannst du ruhig der Phantasie des Schicksals überlassen. Aber wünschen, das solltest du, keine Frage!« – »Und was, bitte?«, brummelte der alte Wanderer in seinen Bart.
– »Du bist wirklich der schlimmste Fall von Unglauben, der mir jemals begegnet ist«, seufzte der Wunschkäfer.

*

»Gut möglich!«, gab der Wanderer zu und breitete seine Hände aus: »Schau mich an! Haut und Knochen, mit ein bisschen Leben drin! Ich bin nicht jung, nicht schön, nicht klug. Was bin ich denn schon noch wert? Ehrlich gesagt, interessiere ich mich für Musik, für Rosen oder für einen Sonnenuntergang, aber nicht mehr besonders für mich.« – »Wanderer, du hast nur zur Hälfte Recht. Und etwas, das nur zur Hälfte wahr ist, ist ganz falsch. Ja, du bist alt und hässlich, das ist wahr. Ehrlich gesagt, riechst du auch nicht besonders gut. Aber das ist nur die Hälfte deiner Wahrheit. Die andere Hälfte heißt: Du bist sehr kostbar. Es gibt etwas in der Welt, weswegen du nicht gering von dir denken darfst und weswegen du dich nicht verachten und aufgeben darfst. Soll ich dir sagen, was das ist?« – »Da bin ich aber gespannt!« – »Jemand hat dich gerne und wartet auf dich. Denk nur an das Hirtenmädchen. Hast du ganz vergessen, was du ihm versprochen hast?« – »Ach ja«, stotterte der Wanderer, »das Mädchen mit diesem Buch. Ich habe es ganz vergessen.«

*Alles,*
*was der Liebe wert ist,*
*ist wertvoll.*

»Du bist wertvoll. Wie konntest du das vergessen?«, sprach der Käfer. »Wie kann es sein, dass du all die Jahre durch die Welt gegangen bist und kühne Bauwerke, kunstvolle Schöpfungen und große Gedanken zu achten gelernt hast, deine Seele aber, die all das versteht, und deine Augen, die all das zu sehen vermögen, und dein Herz, das all das zu lieben vermag, verachtest? Du selbst bist ein kühnes Bauwerk, eine kunstvolle Schöpfung, ein großer Gedanke!«

*

»Ich alter Mann?« – »Ja, in den Augen der Liebe bist du schön und außerordentlich. Du bist ein Original, denn du bist all das, was nur du gesehen, erfahren und erlitten hast. Dich gibt es nicht zweimal auf der Welt. Und jemand ist da, der das sieht und dich wegen deiner Augen, deiner Seele und deinem Herzen liebt. Jemand, der will, dass das nicht vergeht.« – »Aber ich vergehe doch! Meine Lebenszeit ist gezählt. Eines Tages wird es sein, als wäre ich nie gewesen. An irgendeinem Straßenrand werden sie mich verscharren. Keiner wird sich an meinen Namen erinnern, keiner wird mehr wissen, dass es dieses Wesen, das einmal geliebt und geweint, gejubelt und gelitten hat, jemals gab.«

*

»Ach, Wanderer«, seufzte der Wunschkäfer, »glaube mir:

*Wenn es die Liebe gibt,*
*dann hat sie das beste Gedächtnis der Welt.*

Denkst du nicht, dass es die Liebe gibt? Und dass sie der letzte Grund von allem ist, was es gibt?« – »Ich möchte es glauben, Wunschkäfer, ich möchte es wirklich gerne glauben.« »Dann tu es doch!« »Es ist so schwer!« »Nein, es ist nicht schwer! Es ist sogar das Leichteste von der Welt. Nichts ist einfacher, als die Zentnerlast der Angst von den Schultern zu werfen und zu vertrauen, wie man als Kind vertraut hat. Es ist viel schwerer, all die Zweifel und trüben Gedanken durch das Leben zu schleppen, sich zu bemitleiden und zu verachten, als die Welt an jedem neuen Tag mit den Augen zu betrachten, mit denen man sie als kleines Kind gesehen hat.«
»Du meinst, ich habe die Welt als Kind richtiger gesehen, als ich sie jetzt sehe?« Der Wunschkäfer antwortete:

*Ein Kind*
*in den Armen seiner Mutter*
*ist vollkommen klug.*

Es besitzt alle Weisheit und Erkenntnis der Welt. Die Menschen meinen, sie würden mit jedem Tag, an dem sie älter werden, mit jeder Schule, die sie besuchen, mit jedem Buch, das sie lesen, klüger. Sie irren sich. Ihr Lernen ist ein Verlernen. Das Wissen, das sie anhäufen, schüttet den Brunnen der Weisheit zu. Die Wasser der ersten Erkenntnis fließen immer spärlicher und versiegen schließlich ganz.«

*

»Kann man die Wasser der ersten Erkenntnis wieder zum Fließen bringen?« – »Ja«, antwortete der Wunschkäfer, »ja, das ist möglich. Jeder Mensch hat diese Wasser in sich. Es sind die Tränen, die er weinen könnte und nicht weint.« Der Wanderer ließ den Kopf sinken und überließ sich seinen schweren Gedanken. – »Glaubst du, dass ein Graubart wie ich noch weinen könnte? Glaubst du das wirklich?« – »Vielleicht«, gab der Wunschkäfer zu bedenken, »ist es gerade das, was du dir wünschen solltest, Wanderer?«

*

Und es wurde sehr still zwischen den beiden. – »So, und nun nimm mich in deine lieben alten Hände, schließe deine Augen und wärme mich von deinem Herzen her! Du wirst sehen, was dann geschieht ...«

*Hochwohlgeborener!*

*Die unterfertigenden Dienstbaren dieses Schreibens, die gehorsamen Söhne Ihro Majestät, Schnabbelmann, Mauke und Bollerkopp, beeilen sich, ihrem werten König allerwichtigste Mitteilung zu machen – Mitteilung, welche ohne Zweifel geeignet ist, allen wohlgesonnenen Bürgern unseres Landes die größten Sorgen zu bereiten.*

*Es hat sich nämlich zugetragen, dass allhier zu Lug-an-der-Trug ein reisender Mensch dem wachsamen Auge des Gesetzes auffiel, welcher mit allerhand Gaukelkünsten, vor allem aber mittels eines wundertätigen Wunschkäfers, bemüht war, die wohlgefügten Zustände unseres so überaus glücklichen Landes zu verwirren, wenn nicht gar in den Grundfesten zu erschüttern. Ihro Majestät wackere Wachmänner wussten den zweimal schon Entflohenen durch listige Schnappung und Ineisenlegung ein für alle Mal dingfest zu machen.*

*An Gegenständen wurden sichergestellt und teils in die Asservatenkammer zu Meuchelberg, teils in noch sichereren Verwahr überführt: 1. ein alter Jutesack. 2. ein zur Hälfte aufgezehrtes Trockenbrot. 3. ein allseitig angebissener Hartkäse. 4. ein Schlauch mit einer geringen Menge Weines. 5. ein Käfer, mit welchem es, geständigen Zeugen zufolge, seine besondere Bewandtnis haben soll.*

*Die Unterfertigenden nahmen sich in persona des Käfermannes an, um ihm seine schandbaren Taten zu entlocken. Dieser jedoch ist ganz außerordentlich verstockt und selbst im Angesicht des Rohrstockes und der Daumenschrauben, welche schon so oft im Dienst der Wahrheit nützlich gewesen sind, im Kern der Sache nicht zu Geständnissen bereit. Seine Rede ist allezeit von Glücklichmachen, Wünsche erfüllen und was dergleichen Delikte minderer Strafbarkeit sind. Jedoch ist Ihro Majestät eifrigen Hütern des Gesetzes und der öffentlichen Ordnung auch ohne die Anwendung besagter hochrichterlicher Wahrheitszwacken völlig unzweifelhaft, dass es sich bei dem Gefangenen um einen Spion, schlimmer noch: den Agenten einer fremden Macht handelt.*

*Welchen Gram müssen wir Ihro Majestät bereiten, wenn wir nunmehr, in gebotener Schonung dero königlichen Nerven, wenigstens andeuten, welcher Art die zu Rödelheim, Neid im Winkel und Eisenstock stattgehabten Missetaten sind: In Rödelheim – einstmals des Bienenfleißes seiner Bewohner gerühmt – sinnen die Menschen, statt zu arbeiten, auf fröhliche Beisammenkunft und geben sich den Blumen (!) hin. Das Gefängnis zu Rödelheim, vormals eine Musterstätte der Besserung Arbeitsunlustiger, steht leer und die zuvor polizeilich abgesonderte Faulheit hat durch die Tücke des Käfermannes auf die ganze Stadt übergegriffen. In Neid im Winkel, der Perle königlichen Ordnungssinnes, kam es unter tätiger Beihilfe des Übeltäters und seines wundertätigen Käfers zu unerträglicher Veralberung der gesamten Beamtenschaft, in Sonderheit des Amtes für öffentliche Grünpflege, und dieses nicht genug: zu fortgesetzter Schändung des Kriegerdenkmales. Was ist dieses aber gegen die Erschlaffung aller Pflichtsinnigen, welche bis zur Stunde in Eisenstock anhält? Es heißt, der Schuldige habe mittels seines Käfers zunächst die Kirchenorgel und schließlich die ganze Stadt aus dem Takt und zum Tanzen gebracht. Selbst auf die ihrer Milch wegen gerühmten Kühe zu Eisenstock, so bezeugen es einige wenige aufrechte Bürger, sei kein Verlass mehr. Wohin man blickt: Unbotmäßigkeiten! Das ganze Land ist in Aufruhr! Genug der Gräuel, die wir dem geneigten Ohr unseres geliebten Königs zu Gehör bringen müssen!*

*Es muss gehandelt und von höchster Hand ein Exempel statuiert werden, das man im ganzen Reich so schnell nicht vergisst. Daher schlagen wir vor:*

➳ *Überführung des Käfermannes nach Meuchelberg.*

➳ *Dort gänzliche und sofortige Entleibung des Delinquenten.*

➳ *Streng bewachte Überbringung des Corpus Delicti, nämlich des Käfers, nach Siebenwolken.*

➳ *Des Wunderkäfers öffentliche Zertrampelung unter den Stiefeln der königlichen Leibgarde.*

*Zuletzt wagen es die Unterfertigenden seine königliche Hoheit alleruntertänigst darauf hinzuweisen, dass die lückenlose Aufklärung dieses schlimmsten Falles von Hochverrat, der jemals das Reich erschütterte, eines günstigen Gnadenerweises Ihro Majestät nicht völlig unwürdig wäre. Wir sind seit Jahren nicht befördert worden.*

SCHNABBELMANN
POLIZEIPRÄSIDENT

MAUKE
GERICHTSRAT

BOLLERKOPP
GEFÄNGNISDIREKTOR

Eilboten wurden losgesandt. Der Polizeipräsident schaute den Herrn Gerichtsrat an. Der Herr Gerichtsrat den Gefängnisdirektor. Und der Gefängnisdirektor den Polizeipräsidenten. Das hatte man gut gemacht!

Die drei mussten nicht lange auf eine Antwort aus dem Königspalais warten. Wenige Stunden später – man sah sich noch immer in tiefer Zufriedenheit an – stürmten die atemlosen Boten herein und überbrachten ein versiegeltes Kuvert des Königs. Darin stand:

*Den Menschen zu mir! Mit Käfer! Sofort! Noch diesen Tag!*

BRUSTRAUS VII.
KÖNIG

»Ho!«, rief Schnabbelmann erregt. – »Ha, ha«, rieb sich Mauke die wulstigen Hände. – »Die Gerechtigkeit nimmt ihren Lauf«, befand Bollerkopp, seines Zeichens Gefängnisdirektor von Lug-an-der-Trug, »aber zuvor sind eine Reihe von Anordnungen zu treffen. Beeilen wir uns, damit wir heute noch in Siebenwolken eintreffen!«

*

Sofort wurden Bedienstete bestellt und eine Vielzahl von Befehlen erteilt, die bald an verschiedenen Orten des Reiches große Unruhe auslösten. Eine Wachtruppe stürzte in die Gefängniszelle. Man riss den Wanderer aus seinem Mittagsschlaf, fesselte ihn sorgsam an den Händen und führte ihn an einem Seil auf den Hof. Eine andere Gruppe von Soldaten begab sich zur Staatsbank, wo man die mächtige Stahltür des Tresors öffnete, um – wie von höchster Stelle gewünscht – den Wunschkäfer herbeizuschaffen.

*

Aus Eisenstock marschierte im Eilschritt die königliche Musikkapelle herbei. Die staatstragenden Beamten und hohen Würdenträger des Landes ließen es sich nicht nehmen, dem feierlichen Akt beizuwohnen. Und so machte sich bald eine stattliche Prozession von finster blickenden Wichtigen des Reiches auf den Weg. Vorneweg knallten die Stiefel und schmetterte das Blech der Eisenstocker Marschmusikanten. Dann folgten Soldaten in prächtigen Uniformen. Der Oberste Scharfrichter schritt in ihrer Mitte und führte persönlich den Strick mit dem alten Wanderer.

*

Die beleibten Honoratioren hatten Mühe, dem hohen Tempo der Soldaten zu folgen; sie keuchten und trippelten wacker hinter den Soldaten her. Ihnen folgte, flankiert von schreckenerregenden Waffenträgern, der königliche Hofschatz- und Bankmeister, ein dürrer Mensch mit großer Nase, die er noch höher trug, als er dies gemeinhin schon tat. Vor sich trug er ein mit rotem Samt ausgelegtes Kissen, worauf das Corpus Delicti ruhte: der Wunschkäfer. Die abendliche Sonne fiel auf den Käfer und ließ ihn glitzern und glänzen wie ein kostbares Kleinod; und selbst als die Sonne untergegangen war und fahles Mondlicht den Zug begleitete, hörte er nicht auf, ganz auf seine Weise leise zu funkeln und zu leuchten.

*

Schnabbelmann, Mauke und Bollerkopp bildeten das Ende des Zuges. Sie hörten nicht auf, sich über den Befehl des Königs zu wundern. – »Es ist«, befand Mauke, »so gar nicht die Art unseres Königs, sich der Sache persönlich anzunehmen.« – »Da sieht man einmal«, belehrte ihn Bollerkopp, »von welcher Wichtigkeit dieser Fall ist.« – »Aber der König hat doch noch nie jemanden vor den Thron gelassen. Wir kennen von ihm nur das Bild in den Amtsstuben. Keiner im ganzen Reich weiß, wie unser geliebter Herrscher eigentlich aussieht.«
»Eben!«, befand Bollerkopp, »dies ist halt der Notstand. Und wir sind seine Regulatoren. Da ist es billig und recht, dass die Macht den Rettern des Reiches ins Auge sieht und denselben von Angesicht zu Angesicht begegnet!« – »Begreifen wir es als Vorzug und Ehre«, warf sich Schnabbelmann in die Brust.

*

»So ist es!«, nickten die beiden anderen und deuteten gegenseitig eine kleine Verbeugung an.

Wohin der Zug auch kam, strömten die Menschen klatschend und jubelnd auf die Straßen. Weshalb eigentlich? Die Soldaten und Beamten nahmen es als Beifall für ihr Walten und blickten, zum Zeichen ihrer Wichtigkeit, noch finsterer und entschlossener drein. Nur der alte Wanderer lächelte und der Käfer funkelte heiter. ❧

Kurz vor Mitternacht erreichte die Prozession im Fackelschein das königliche Schloss in Siebenwolken. Die Tore gingen auf, Trommeln dröhnten im Schlosshof.

*

»Beiseite, ihr Tölpel!«, schrie Bollerkopp, der sich hastig an die Spitze des Zuges gedrängelt hatte. Er fuchtelte mit dem königlichen Dekret vor den Wachmännern, die ihm, Mauke und Schnabbelmann den Zutritt zu den königlichen Gemächern verwehren wollten. – »Na los, beiseite! Wird's bald? Der König möchte uns, die obersten Rechtschaffenden dieses Reiches, sofort und ohne jegliche Verzögerung sehen.« Der Kommandant der Leibwache zupfte sich mit großer Ruhe den Bart, musterte die drei von oben herab, setzte dann bedächtig sein Monokel auf die Nase und nahm das Dekret zur Hand.

*

»Dummköpfe! Wo steht denn da irgendetwas davon, dass der König euch zu sehen wünscht? Und daher: keinen Schritt weiter! Ihr bleibt gefälligst hier draußen!« Schnabbelmann, Mauke und Bollerkopp sahen sich mit offenem Mund an. Der Kommandant blickte über ihre Köpfe hinweg.

*

»Wo ist nun dieser Mensch, den ihr zu bringen hattet? Wo ist dieses Wunderinsekt?« Nach einer kurzen Schrecksekunde beeilte man sich um so hurtiger, seinen Wünschen nachzukommen. – »Na also!«, rief der Kommandant, »aber ... was ist nun das? Schneidet dem Mann gefälligst die Fesseln durch! Und gebt ihm seinen Käfer zurück! Los, los! Der König wartet schon seit Stunden.«

*

Mit einer höflichen kleinen Verneigung und einer freundlichen Geste seiner rechten Hand bedeutete der Kommandant der königlichen Leibwache dem alten Wanderer einzutreten: »Der König ist sehr gespannt, dich endlich kennenzulernen.« – »Was ist er für ein Mensch?«, wollte der Wanderer wissen, während die beiden durch endlos lange Gänge und über viele Treppen zu den königlichen Gemächern liefen. Der Kommandant lächelte vielsagend und zuckte dann mit den Schultern: »Um der Wahrheit die Ehre zu geben: Wir alle kennen ihn nicht, obwohl wir seit Jahren hier in Siebenwolken unseren Dienst verrichten. Nicht nur das Volk hat ihn noch nie gesehen. Auch von uns ist ihm keiner von Angesicht zu Angesicht gegenübergetreten. Wir hören nur seine Befehle – diese sind häufig und streng. Er hat uns freilich befohlen, dir mit größter Höflichkeit entgegenzutreten.«

*

»Willst du, Kommandant der Leibgarde, damit sagen, dass ich der Erste bin, der dem König unter die Augen treten soll?« – »Scheinbar ist es so, mein Freund. Was hinter dieser Tür auf dich wartet, weiß ich nicht, weiß niemand. Begreife also die Ehre, die dir widerfährt! Und sei höflich und bescheiden! Der König hasst unbotmäßige Menschen und lässt sie gerne köpfen. Hier, durch diese Tür musst du schreiten! Dort hinten ist der Thronsaal. Ich muss dich jetzt allein lassen.« Der Kommandant verbeugte sich noch einmal und ließ den Wanderer allein zurück.

*

Der alte Mann fasste sich kurz an die Kehle. Dann nahm er den Wunschkäfer in seine Hände, wärmte ihn vom Herzen her und sprach: »Kleiner Freund, hier sind wir also im Herzen des *Unglücklichen Landes*. Kannst du in meiner Seele lesen?« Der Käfer funkelte im Schein der Kerzen, die ihr mildes Licht von den Wänden herüberwarfen. Der Wanderer atmete tief durch und öffnete lächelnd die Tür zum Thronsaal.

*

Die Tür ging auf und ein prächtiger weiter Raum, ausgestattet mit feinstem Marmorboden, strahlenden Lichtern, goldenen Säulen und kostbaren Wandteppichen, tat sich vor seinen Augen auf. Am Ende des Saales befand sich das ehrwürdige Wappen des *Unglücklichen Landes*. Darunter stand auf erhöhten Stufen ein großmächtiger Thronsessel mit goldenen Lehnen, der mit kostbarem roten Samt ausgeschlagen war und zu dem ein langer roter Teppich hinführte. Still brannten die Lichter.

*

Kein König war zu sehen. Der Wanderer blieb am Eingang stehen und wartete darauf, dass etwas geschehen würde. Aber nichts geschah. Er wartete und wartete. Als immer noch nichts geschah, räusperte er sich schließlich.

»Na, tritt schon näher!«, krächzte eine Stimme. Der Wanderer erschrak. Woher kam die Stimme?
»Wer ruft da?«, wagte er schließlich zu fragen.
»Der König, wer sonst!«, rief dieser ihm zu.
»Wohin soll ich kommen?«, fragte der Wanderer.
»Zum Thron natürlich, los, los!«, befahl es.

*

Langsam schritt der alte Mann durch den festlich erhellten Saal, bis er vor dem Thron zu stehen kam. – »Hier bin ich, König!«, rief der Wanderer. – »Gut so!«, krächzte es hinter dem Thron hervor. »Hast du den Wunschkäfer dabei, wie ich es dir befohlen habe?« – »Ich trage ihn in meiner Hand.« – »Ich möchte ihn sehen«, rief der König. – »Dann komm zu mir«, forderte ihn der alte Mann auf.

*

»Das ... das ist, äh, das ist schwierig«, klang es etwas kleinmütig hinter dem Thronsessel hervor.
»Was ist so schwierig daran, König?«, wollte der Wanderer wissen. Der König räusperte sich und der alte Mann spürte, wie schwer es dem König fiel zu sprechen. – »Du könntest«, meinte der König schließlich, »du könntest die Achtung vor mir verlieren.« – »Bedenke, lieber König, ich bin alt und habe schon viel gesehen. Ich verachte nie-

mand«, sprach der Wanderer, »auch nicht einen König, der nicht ist, wie normale Könige zu sein pflegen.« – »Wirklich?«, rief der König und lugte mit rosigem Gesicht und einer etwas schief sitzenden Krone in Höhe des Sitzpolsters hinter dem Thronsessel hervor.

✳

»Komm schon, König!«, lächelte der alte Mann, »komm und schau, hier ist der Wunschkäfer!« Und er öffnete seine Hände und ließ den Käfer herüberfunkeln. – »Und du wirst auch wirklich nicht, äh ... nicht lachen, wenn ich zu dir hintrete?«, fragte der König unsicher. – »Nein«, schüttelte der Alte seinen Kopf, »ich lache zwar oft über Menschen, doch meistens über mich selbst oder über andere dumme Menschen. Und du scheinst mir, nach allem was ich über dich gehört habe, jedenfalls nicht dumm zu sein. Höchstens etwas unglücklich.«

✳

»Ich lasse dich köpfen, wenn du lachst«, rief der König. »Nun gut, es sei also! Ich trete hervor!« Er rückte seine Krone zurecht und trat in voller Gestalt hinter dem Thronsessel hervor. Der König war ein Zwerg. Ein Zwerg mit einem Buckel, der sich deutlich unter dem Hermelin abzeichnete.

✳

»Nun, wie findest du mich?«, krähte der kleine König misstrauisch.

*

»Ganz normal«, befand der Wanderer. – »Ganz normal?«, schrie der König, »nicht etwa zu klein, zu hässlich, zu bucklig? Sag die Wahrheit!« – »Ob jemand klein oder groß, dünn oder dick, arm oder reich ist, interessiert mich nicht. Es langweilt mich. Viele schauen zuerst auf große Namen und klingende Titel, manche sogar gleich auf den Geldbeutel eines Menschen. Ich schaue ihm ins Herz.

*Das Herz eines Menschen ist ein Kontinent,*
*zu dem es keine Landkarten gibt.*
*Berühre das Herz eines Menschen*
*und du entdeckst eine neue Welt!*

Kleine Menschen können sehr groß, hässliche Menschen wunderschön, bettelarme Menschen ganz reich sein. Und umgekehrt.«

»Und – was siehst du bei mir? Ich meine, äh ... an dieser Stelle da, im Herzen? Lüge mich nicht an! Ich spüre es sofort, wenn mir jemand nach dem Mund redet«, rief der König.

*

»Ich sehe herrliche Dinge – ein empfindsames, verletzliches, viel zu großes Herz! Ich sehe einen Menschen, der bessere Träume, tiefere Wünsche und größere Sorgen hat als die meisten Menschen in seinem Land. Und ich sehe einen armen, gequälten Kopf, durch den immerfort, Tag und Nacht, Gedanken jagen ...«

*

»Was noch?«

»Ich sehe ein Meer von ungeweinten Tränen. Ich sehe Sehnsucht danach, geliebt zu werden. Viel Sehnsucht!«

»Das siehst du?«

*

»Ja. Ich sehe einen König, der die Hälfte seines Reiches für einen einzigen Menschen hergeben würde, dem es warm ums Herz wird, wenn er seinen Namen hört.«

*

»Was noch?«, fragte der kleine König atemlos, indem er vor Rührung ein wenig schniefte. Der Wanderer zögerte: »Willst du es wirklich wissen?«, fragte er den König. – »Ja! Ja! Ja!«

*

»Wenn ich noch tiefer schaue, sehe ich leider nur noch eine endlose, undurchdringliche, schwarze Brühe: deine Angst, König. Und ich sehe, was diese Angst, die

Menschen könnten dich verachten, statt dich von Herzen lieb zu haben, mit dir macht. Sie macht dich böse, gefährlich und krank. Aber sie verändert nicht nur dich allein. Sie vergiftet den ganzen Staat. Die Angst erzeugt nämlich das Misstrauen. Das Misstrauen beruhigt sich durch Gesetze. Die Gesetze rufen nach der Polizei. Die Polizei lebt von der Beobachtung. Die Beobachtung erfordert Ferngläser und aufmerksame Nachbarn. Der aufmerksame Nachbar kontrolliert diskret die Freiheit. Und so geht es fort und fort, bis es totenstill ist im Land. Dann liegt alles Freie in den Fesseln der Ordnung. Alles Leben ist erstickt, und jede Regung der Freude ist verboten. Daran, mein König, geht dein Land zugrunde: an deiner Angst!«

*

»Was?«, schrie der kleine König außer sich vor Zorn, »du hältst mich also für einen schlechten König?« – »Als König«, nickte der alte Wanderer, »bist du einfach miserabel.« – »Wache! Wache! Wache!«, brüllte Brustraus VII. nach Leibeskräften; die Adern traten ihm dabei auf die Stirn. – »Ach, König«, seufzte der Wanderer, »nun hast du also auch Angst vor einem wehrlosen alten Mann, vor einem kleinen Käfer und vor ein bisschen Wahrheit. Ich mache dir einen guten Vorschlag: Jetzt schickst du erst diese kleine Angst weg. Und dann schickst du auch die

Soldaten wieder weg. Sonst erfährst du nämlich nie, wie du ein glücklicher König werden kannst.«

*

In diesem Augenblick schlugen schon die Leibwächter an die Tür des Thronsaales. Der König zögerte einen Augenblick. – »Na, was zögerst du, König? Tu schon, was du tun musst! Lass mich also verhaften«, sagte der alte Mann sehr leise.

*

Brustraus VII. riss die Augen auf, krampfte die Hände zu Fäusten, erstarrte und blieb so lange und regungslos stehen. – »Fort! Ab! Wegtreten!«, brüllte er plötzlich mit überkippender Stimme, stampfte und trampelte dabei mit den Füßen. Die gläsernen Lüster im Saal klirrten.

*

Eine Weile war es still. Dann hörte man, wie sich die Stiefel der königlichen Leibgarde entfernten. Die beiden waren wieder allein. Der König ließ die geballten Fäuste fallen, sackte ein wenig in sich zusammen, und plötzlich bemerkte der Wanderer, wie ihm der Hermelin schwer von den Schultern hing. Langsam wandte sich der König von ihm ab, stieg müde die Stufen zu seinem Thron empor, kletterte, indem er die Beine streckte, mühsam auf den Sessel, legte seinen Kopf auf die goldene Lehne und weinte.

Nur Kinder können so weinen, wie der König weinte. Alles ging auf, alle Wasser der Seele flossen. Die Krone rutschte ihm vom Kopf und fiel polternd auf die Erde, doch der König achtete nicht darauf. Sein kleiner, missgestalteter Körper zuckte unter der Gewalt der so lange zurückgehaltenen Tränen. Der alte Wanderer stieg zu ihm hinauf, legte die eine Hand auf seine Schulter und streichelte ihm mit der anderen über sein Haupt. Der König ließ es sich gefallen, denn Wogen aus Glück und Freude stiegen in ihm auf und mischten sich selig mit den bitteren Wellen aus Schmerz.

*

Darauf führte der alte Wanderer den mächtigen und jetzt so kindlich fügsamen König Brustraus VII. an der Hand in sein Schlafgemach, schlug ihm sein Kissen auf, legte den Wunschkäfer darunter und sagte: »Du wirst wunderbar schlafen, König! Und morgen wirst du sehen, wie sich da und dort etwas ereignet, was dir die Seele wärmt.«
Der König des *Unglücklichen Land*es schloss die Augen und fiel gleich in tiefen Schlaf. Der Wanderer löschte die Kerzen, ließ kühle Nachtluft in das Gemach herein, rollte sich dann in den weichen Teppich ein, der vor dem königlichen Prunkbett lag, ein und schlief zu Füßen des kleinen Königs. ❧

Etwas kitzelte den König und weckte ihn aus dem Schlaf. Brustraus VII. rieb sich die Augen und entdeckte auf dem wappengeschmückten weißen Laken den Wunschkäfer, dessen herrliche Farben die Morgensonne anlockten. Der König nahm ihn in die Hand, beäugte ihn von allen Seiten und stupste mit dem Zeigefinger daran. – »Woran muss man denn drehen, damit er diese verrückten Dinge macht, von denen das ganze Land spricht?«, fragte der König den Wanderer, der schon am Fenster saß und sich an der Frische des neuen Tages erfreute.

*

Der Alte musste lachen: »Schau, König! Der Wunschkäfer ist keine Maschine, die man ein- oder ausschalten kann. Es gibt keinen Trick; und es hilft auch nicht, wenn man ihn anschreit, ihm befiehlt oder gar droht. Dann bleibt der Wunschkäfer ein stummes, kaltes Ding. Aber wenn du ihn in die Schale deiner Hände legst, ihn von deinem Herzen her wärmst und tief und gut wünschst, dann gehen Träume in Erfüllung.«

✳

»Ich möchte …«, rief der König mit glänzenden Augen und richtete sich dabei im Bett auf, »ich möchte, dass es klick macht! Ich will, dass dieser Wunschkäfer durch mein Reich saust und all diese Trottel in vernünftige Menschen verwandelt!« – »Sprichst du etwa von deinen Leuten, mein König?«, fragte der Wanderer ungläubig.

✳

»Na, von wem denn sonst?«, knurrte der kleine König unwillig. »Man kann gar nicht genug Schulen, Kasernen und Gefängnisse für sie bauen. Schau her, schau dir dieses Buch an …« Der König sprang aus dem Bett, trippelte mit wehendem Morgenmantel zum Bücherschrank, griff sich auf den Fußspitzen stehend eine mächtige Schwarte von Buch und klopfte mit den Knöcheln auf den Lederrücken. – »Schau her! Dieses ist das Königliche Gesetzbuch, neueste Auflage. Hierin sind alle 1123 Gesetze, Anordnungen und Richtlinien gesammelt, die ich zum besseren Wohlergehen meiner Untertanen in den Jahren meiner bisherigen Herrschaft erlassen habe. 1123! Das ist Weltrekord! Lauter höchst sinnvolle Vorschriften, die den Menschen das Glück bringen. Wenn sie sich daran halten! Versteht sich.«

*

Der Wanderer ließ den Kopf sinken, trat zum Bett hin, nahm den Wunschkäfer, legte ihn in seine Tasche, machte ein Verbeugung zum König hin und sagte: »Ich bin traurig und es ist sehr schade, aber ich werde jetzt gehen. Hier kann ich beim besten Willen nicht bleiben. Gestern Abend glaubte ich, einen großen Herrscher vor Augen zu haben; du hast mich sehr beeindruckt. Aber heute Morgen sehe ich, dass du wirklich nur ein kleiner Mann bist, dem nicht zu helfen ist.« Der Wanderer wandte sich zum Gehen.

*

Hurtig griff der kleine König zur Krone, setzte sie sich auf den Kopf, rannte zur Tür, breitete die Arme aus und stellte sich ihm in den Weg. – »Du bleibst hier!«, brüllte er, »dies ist ein Befehl!«

*Befehlen*
*kann man nur Menschen,*
*die keine Freiheit*
*in sich haben.*

Mir kannst du nicht befehlen«, antwortete der Alte. – »Ich muss nur mit dem Finger schnippen ...«, trumpfte der König auf. – »Ich weiß, ich weiß«, lächelte der Wanderer. Der König wurde unsicher und ließ schließlich die Arme sinken: »Also gut, machen wir es anders. Ich sage bitte ... Bitte bleib, lass mich jetzt nicht allein. Bitte!« – »Wollen wir mit der Wahrheit weitermachen?« – »Natürlich«, seufzte Brustraus VII., »man muss sich halt auch an so etwas erst gewöhnen. Hilf mir noch einmal zu erkennen, was wir gestern Abend schon erkannt hatten!«

*

Der König hieß seinen Kammerdiener ein königliches Frühstück auftragen. Die beiden ließen es sich gut schmecken, und der alte Wanderer kam der Bitte des Königs nach: »Hör zu! Die Wahrheit ist: Du bist ein miserabler König. Denn du kennst nicht einmal dein Volk. Es sind wunderbare Menschen. Die Dummköpfe sind in der Minderheit, aber du hast alles dafür getan, dass ausgerechnet sie das Sagen haben. Sie tragen das dümmste Buch der Welt unter dem Arm – du weißt schon, welches ich meine – und machen damit alle vernünftigen und gutwilligen Menschen unglücklich.

*

Einst hast du eine Grenze um dein Land gezogen, um das Glück deines Volkes zu sichern. Das Glück aber ließ sich nicht gefangen nehmen; es ist Geist, Leben, Tanz, Traum, Freude, Lachen, Sehnsucht, etwas, das in der Luft liegt.

*Das Glück kann man nicht einsperren,*
*selbst wenn man es von allen Seiten ummauert;*
*notfalls dringt es durch die Ritzen.*

Das Glück ist eine Art Duft, der hierhin oder dorthin weht. Das Glück bleibt, wo es für eine Weile Lust hat zu bleiben. Du wolltest das Glück für immer an dich und dein Land binden, da hat es sich einfach verduftet, ist weggezogen, ausgewandert aus den Mauern deines Reiches. Draußen nennen sie dein Land *Unglückliches Land*; und die Menschen dort sind froh, dass meterdicke Steinwälle sie von diesem Land trennen ...«

*

»Ist das so?«, fragte der König kleinmütig.
»Es ist so«, nickte der alte Wanderer.
»Und was machen wir jetzt?«, fragte der kleine König.

*

»Anfangen«, sagte der alte Wanderer, »einfach anfangen, man kann immer anfangen!«

»Aber wie?«, fragte der kleine König – und fügte nach einer Weile zaghaft hinzu, »etwas völlig Unmögliches kann man nicht einfach anfangen.« – »Was ist das – etwas völlig Unmögliches?«, fragte der Wanderer nach. – »Etwas, das über meine Kraft geht …«, antwortete der König. – »Kennst du denn deine Kraft schon?«, erwiderte der Wanderer, »weißt du so genau, wo ihre Grenzen liegen? Das mit der Kraft ist sehr merkwürdig. Es gibt zwei Sorten von Menschen. Die einen schauen auf den Vorrat ihrer Kraft. Die anderen auf ihre Träume. Die einen sind müde, bevor sie auch nur eine Hand rühren. Die anderen bewegen die Welt.

*Wer auf seine Kraft schaut,*
*hat keine.*
*Wer auf seinen Traum schaut,*
*dem fliegt sie zu.*

»Und der Wunschkäfer, wozu ist er denn gut?«, fragte der König. – »Die wirkliche Veränderung«, antwortete der Wanderer, »beginnt nicht mit einem Glücksbringer, sie beginnt mit dir und damit, dass du den Wunsch deines Lebens in dir entdeckst. Und ich sage dir: Dieser Wunsch kann nicht groß genug sein. Er muss den letzten

Winkel deiner Seele ausfüllen. Du musst bereit sein, dich für diesen Wunsch schlagen, verhöhnen, ja sogar auslachen zu lassen. Und das Letzte ist vielleicht das Schlimmste.

*

Nicht alle haben einen solchen Wunsch. Bei manchen Menschen fällt der Samen zu einem solchen Wunsch in die Kindheit. Sie träumen ihn und spielen mit ihm. Aber sie vergessen, ihn in fruchtbare Erde zu legen. Oder sie legen ihn in gute, sonnenbeschienene Erde, vergessen aber, ihn täglich neu zu befeuchten. Dann bleibt der Wunsch kümmerlich und klein. Oder er stirbt sogar. Einen solchen Wunsch zu haben, ist die Auszeichnung großer Menschen. Und wenn ich dir nun sage, dass es große Menschen mit großen Wünschen gibt, die eines Tages sterben und ihren großen Wunsch mit in das Grab nehmen, ohne ihn auch nur einem einzigen Menschen mitgeteilt zu haben, dann weißt du auch, wozu der Wunschkäfer gut ist. Er hilft dir, über den tiefsten Abgrund zu springen, den es überhaupt gibt, den Abgrund in dir.

*Kein Graben ist tiefer als der Graben in dir,*
*und keine Brücke ist mächtiger*
*als die Brücke, auf der du*

*vom Ufer des Wunsches zum Ufer der Wirklichkeit findest.*

»Ich habe verstanden«, sagte der König. – »Wirklich?«, meldete der Wanderer seine Zweifel an, »nun, dann geh zu deinen Leuten!« – »Wie, du meinst, ich soll das Schloss verlassen?« – »Natürlich! Misch dich einfach unter dein Volk, und zwar allein, ohne Soldaten. Ohne Hermelin. Ohne Krone. Sei einfach ein Mensch unter Menschen.«

*

Entgeistert sah ihn der König an. – »Bist du nun der König oder bist du es nicht?«, fragte der alte Mann. Halb stotternd und mit rotem Kopf fand der König die Sprache wieder: »Schon, schon«, rief er erregt, »aber dein Vorschlag ist vollkommen verrückt!«

*

»Warum?«
»Ich«, und der König brüllte plötzlich, »ich – fürchte – mich – vor – meinem – Volk.«
»Warum?«

*

»Sieh mich doch an! Wenn ich vor die Leute hintrete, werden die Kinder mit dem Finger auf mich zeigen und rufen ›Der König ist ein Zwerg!‹ Die Männer werden hinter vorgehaltener Hand prusten und sich zuraunen: ›Wahrhaftig, ein Dreikäsehoch!‹ Und die Frauen werden sich spöttische Blicke zuwerfen und mit spitzen Mäulern über meinen Buckel tuscheln. Und schließlich werden sie alle, alle, wie sie da stehen vor ihrem König, den Bauch nicht mehr halten können vor Lachen. Sie werden kichern und meckern, jaulen und johlen. Das Lachen wird schallend aus ihnen herausplatzen. Der ganze Platz wird toben. Und der König steht da – nackt. Ein König, über den sie lachen, ist kein König mehr.«

*

»Erstens: Es kennt dich niemand. Zweitens:

*Ein König,*
*über den man nicht lachen darf,*
*ist ein Tyrann.*

Wer durch Lachen seiner Würde beraubt wird, hatte nie eine. Weißt du, dass es schön ist, nackt dazustehen, wenn man sich für nichts schämen muss und nichts zu verbergen hat?« – »Es könnte sehr, sehr schön sein«, gab der König zu und rieb sich die schwitzende Stirn, »aber es erfordert eine übermenschliche Kraft.«

»Niemand wird sehen, dass du den Wunschkäfer in deiner Hand trägst, aber dir wird er die Kraft geben, die du brauchst«, sagte der alte Mann. ❧

Die Wolken zogen still über das sommerliche Land. Einsam stand das Hirtenmädchen auf einer kleinen Kuppe, die sich ebenso gut dazu eignete, die anvertrauten Tiere im Blick zu behalten, wie dazu, in die Ferne zu schauen und den Träumen nachzuhängen. Das Hirtenmädchen hatte seine Hände über einen Stock gebreitet. Ein Käfer ließ sich auf ihnen nieder.

*

»Du!«, rief das Hirtenmädchen. – »Wer ruft mich da?« – »Ich, der Wunschkäfer!«

*

Ein freudiges Lächeln erhellte die Gesichtszüge des Mädchens. Das Kind legte den Stab beiseite, drehte vorsichtig die Hände nach innen und der Wunschkäfer krabbelte in die sich bildende Schale. – »Du kannst ja sprechen, kleiner Freund!« – »Ja, aber eine Sprache habe ich nur für diejenigen, die zu hören verstehen. Für die anderen bin ich stumm.« – »O, und ich kann dich hören. Wie schön! … Aber sag mir, was ist mit dem alten Mann?« – »Was sagt dir dein Herz?« – »Mein Herz sagt mir, dass er lebt und glücklich ist.« – »Ja, so ist es. Geh, hol die weiße Decke, du hast nicht viel Zeit. Der Wanderer ist gar nicht mehr fern von hier, vielleicht zwei Wegbiegungen oder drei. Und die Freude, dich wiederzusehen, beschleunigt seine Schritte.«

*

Vorsichtig setzte das Hirtenmädchen den Käfer auf ein Löwenzahnblatt und sprang dann mit leisem Jauchzen und großen Schritten zur Hütte, um in kürzester Zeit die Andeutung eines Festes herbeizuführen.

*

Als der Wanderer die Anhöhe hinaufstieg, leuchtete ihm die weiße Decke auf der grünen Wiese entgegen; darauf fanden sich ein goldenes, knuspriges Brot, eine Schale mit Kräutermus, ein Krug frischer Milch, ein kleines Buch und ein Glas mit Blumen. Und dahinter saß das Kind. Das Hirtenmädchen hatte sein rotes Kleid ausgebreitet und lächelte ihn an. »Du wusstest, dass ich komme?«, staunte der Wanderer. – »Ich habe es mir doch so gewünscht. Und dann muss es auch in Erfüllung gehen«, sagte das Hirtenmädchen. Und sie lud ihn ein, sich zu setzen. Der Wanderer ließ sich ihr gegenüber nieder, nahm vom Brot, vom Mus und von der Milch. Und sie stärkten sich in stiller Freude.

*

»War es gefährlich im *Unglücklichen Land*?«, fragte das Hirtenmädchen. – »Eigentlich nicht. Nur wenn man Angst hat, ist es gefährlich.« – »Hattest du Angst?« – »Manchmal, ja.« – »Dann war es also doch gefährlich?« Der Wanderer lächelte: »Für dich wäre es nicht gefährlich gewesen, aber für einen alten Mann, der hin und wieder seinen Glauben verliert und seine Wünsche verrät, hätte es schlimm ausgehen können.«

*

Und der Wanderer erzählte von seiner Reise in das *Unglückliche Land*, von der Müdigkeit der sinnlosen Soldaten, vom Aufstand der Blumen in Rödelheim, von den geheimen Künsten der dicken Köchin, vom 3/4-Takt-Mut des Eisenstocker Orgelmannes und vom großen, kleinen König in Siebenwolken. – »Er ist«, sprach der Wanderer, »der beste König der Welt.« – »Hat er so viele Feinde besiegt?«, fragte das Hirtenmädchen. – »Mehr als alle. Er hat sich selbst besiegt«, sagte der Wanderer.

Und er erzählte vom einsamen Kampf des Königs mit sich selbst – wie er rang, wie der Feind immer größer wurde und die Kräfte des Königs erlahmen wollten, wie er schon auf der Erde lag und wie er wieder aufstand und wie er schließlich, kurz vor dem Ende seiner Kraft, sich selbst eroberte. – »Ich habe«, sprach der Wanderer, »zum ersten Mal in meinem Leben einen Helden gesehen. Und ich bin stolz, dass dieser Mann mich seinen Freund genannt hat.«

*

»Was hat der König gemacht, um sich selbst zu erobern?«, wollte das Hirtenmädchen wissen. – »Nun, er hat sich auslachen lassen. Zuerst von den Kindern und dann von seinem ganzen Volk.« – »Hätte er die Lacher nicht mundtot machen können?« – »Doch, er hätte sie töten lassen können, wie es die Könige aller Völker mit denen machen, welche die Furcht vor ihnen verlieren.« – »Und was hat er gemacht?« – »Er hat mitgelacht.« – »Und was geschah dann?« – »Die Leute sahen sich an. Und dann wandelte sich mit einem Schlag die Furcht vor dem König in Ehrfurcht vor ihm um. Sie begannen ihn zu lieben. Und von dieser Stunde an wäre jeder von ihnen für den König durchs Feuer gegangen.«

*

»Und was geschah dann?«, drängte das Hirtenmädchen. – »Es geschah nicht, es geschieht noch. Sie pflanzen Blumen und denken sich Lieder aus. Sie malen ihre Häuser an und erfinden Gedichte. Sie schaffen Gesetze ab und brechen die Grenzzäune nieder. Bis endlich auch der letzte Schlagbaum fällt, der das *Unglückliche Land* vom Glücklichen Land trennt, wird es noch eine Weile dauern. Aber ich bin ohnehin nicht mehr sicher, wo die glücklicheren Menschen wohnen – hier oder dort.

*Glücklich*
*sind nicht diejenigen,*
*die niemals unglücklich waren.*
*Glücklich sind die Unglücklichen,*
*die ihr Unglück annehmen*
*und daran reifen.*

»Darf ich das in mein Buch schreiben?«, fragte das Hirtenmädchen. – »Ja, natürlich«, lächelte der Wanderer, »aber es ist besser, du behältst diese ganze Geschichte in deinem Herzen und erzählst sie deinen Kindern. Und die erzählen sie wieder ihren Kindern. Es ist nämlich schade, dass die Menschen die gleichen Geschichten immer wieder erleben müssen, um aus ihnen etwas zu lernen. Es wäre besser, es gäbe Leute, die sie ihnen rechtzeitig erzählten.«

*

Darauf wurde es für eine lange Zeit still zwischen dem Wanderer und dem Hirtenmädchen, denn wenn die Herzen sprechen, kann der Mund gut schweigen.

*

Als der alte Mann und der Käfer längst wieder auf dem Weg waren, war es der Wanderer, der als Erster seine Worte wiederfand.

*

»Wie hieß das Mädchen eigentlich?«, fragte er den Wunschkäfer.
»Esperanza«, sprach der Wunschkäfer, »hatte ich es dir nicht gesagt?«

*

»Nein, mein kleiner Freund, du hast es mir nicht gesagt«, schmunzelte der alte Wanderer, »aber ich hätte es wissen können.« ❧